Die Wilhelm-Busch-Bibliothek

Band 2

Wilhelm Busch

Gegenstände der Passion

Anschauungs-Unterricht über das Leiden Jesu

aussaat

1. Auflage 2006

© 2006 Aussaat Verlag
Verlagsgesellschaft des Erziehungsvereins mbH,
Neukirchen-Vluyn
Satz: CLV
Umschlag: H. Namislow
Druck und Bindung: GGP Media GmbH, Pößneck

Die Wilhelm-Busch-Bibliothek besteht aus 13 Bänden

ISBN-10: 3-7615-5487-7 (Aussaat)
ISBN-13: 978-3-7615-5487-6 (Aussaat)
ISBN-10: 3-89397-681-7 (CLV)
ISBN-13: 978-3-89397-681-2 (CLV)

Inhalt

Vorwort 9

Die Parfumflasche 11
Mark. 14,3

84 DM 18
Matth. 26,14-15

Die Schürze 25
Joh. 13,4-5a

Das Waschbecken 33
Joh. 13,5

Die Suppenschüssel 41
Matth. 26,23

Ein Bissen Brot 49
Joh. 13, 26-27.30

Die Schwerter 57
Matth. 26,47.51-52

Die Stangen 65
Matth. 26,47

Die Fackeln 73
Joh. 18,3

Das abgehauene Ohr 80
Luk. 22,50-51

Das nächtliche Feuer 88
Joh. 18,18

Das zerrissene Kleid 95
Matth. 26,65

Der Hahn 103
Mark. 14,72

Die Fesseln 110
Matth. 27,2

Der Spott-Mantel 118
Luk. 23,11

Die Geißel 126
Joh. 19,1

Die Martersäule 134
Joh. 19,1

Die Krone 141
Matth. 27,29

Die Waschschüssel 148
Matth. 27,24

Der Richtstuhl 156
Joh. 19,13

Die Tafel über dem Kreuz 164
Joh. 19,19-22

Die Los-Steine 172
Matth. 27,35

Der Rock 179
Joh. 19,22-24

Der Schwamm 187
Matth. 27,48-49a

Das Kreuz 195
Joh. 19,17

Die Nägel 203
Luk. 23,33

Der Speer 210
Joh. 19,34

Der Vorhang im Tempel 217
Matth. 27,50-51

Vorwort

Es ist Wilhelm Busch ähnlich ergangen wie dem Grafen Zinzendorf, der durch den Anblick des leidenden und sterbenden Gottessohnes zum Glauben kam und bekannte: »Ich bin durch manche Zeiten, / ja, auch durch Ewigkeiten / in meinem Geist gereist. / Nichts hat mir's Herz genommen, / als da ich angekommen / auf Golgatha. Gott sei gepreist!«
Wilhelm Busch sagte das so: »Nichts in der Welt kann unser Herz so sehr trösten und aufrichten wie der Aufblick zum Kreuz des Herrn Jesus. Von diesem Kreuz geht nicht ein scheußlicher Todeshauch aus. Von hier weht vielmehr herrlicher, göttlicher Lebensatem. Das kommt daher, dass am Kreuz nicht irgendein Tod gestorben wurde. Hier geschah vielmehr eine gewaltige, herrliche Heilstat Gottes.«
Darum brannte dem Prediger Wilhelm Busch das Herz, wenn er seinen Zuhörern das Kreuz Jesu vor Augen malte. Immer wieder hat er einen neuen Weg gesucht, der Gemeinde das Leiden Jesu nahezubringen. Er hat die »Spuren zum Kreuz« im Alten Testament aufgezeigt, er hat die »Menschen unter dem Kreuz« geschildert, durch »Geschichten am Rande der

Passion« hat er versucht, an das eigentliche Geheimnis heranzukommen. Mehrere Jahre hintereinander hat er in der Passionszeit über die »Gegenstände der Passion« gepredigt. Anregung dazu bekam er von mittelalterlichen Malern und Bildhauern, die in ihren Kunstwerken und bei der Wiedergabe des Leidens Jesu auch die verschiedenen Gegenstände der Passion darstellten. Viele Menschen haben in seinen Essener Gottesdiensten diesem Anschauungs-Unterricht über das Leiden Jesu gelauscht.

Oft betete Wilhelm Busch im Anschluss an seine Passions-Predigten: »Herr, lass deine Todespein / an mir nicht verloren sein!« Dass das Leiden und Sterben Jesu auch für die Leser dieses Buches nicht vergebens sein möge, das ist die Erwartung Gottes:

> »So sehr hat Gott die Welt geliebt,
> dass er seinen eingeborenen Sohn gab,
> auf dass alle, die an ihn glauben,
> nicht verloren werden,
> sondern das ewige Leben haben.«

Karl-Heinz Ehring

Die Parfumflasche

Mark. 14,3: Und da Jesus zu Bethanien war in Simons, des Aussätzigen, Hause und saß zu Tische, da kam ein Weib, die hatte ein Glas mit ungefälschtem und köstlichem Nardenwasser, und sie zerbrach das Glas und goss es auf sein Haupt.

Der bekannte Professor Schlatter erzählt in seinen Erinnerungen, wie er einmal als Student die Predigt eines liberalen Theologen hörte. Er sagt darüber witzig: »Da stand der Mann auf seiner Kanzel und zankte sich mit dem Text.« Der Text passte dem Prediger nicht in seine Gedankenwelt.
So ähnlich fast erging es mir mit unserem Text. Da wird berichtet, wie der Herr Jesus an einem Gastmahl teilnahm. Auf einmal erschien eine Frau. Sie eilte auf Jesus zu und goss ein Fläschchen mit köstlichem Rosenwasser über Ihn aus. Sie war so aufgeregt, dass sie die Flasche nicht öffnete, sondern einfach zerbrach.
Es wird uns berichtet, dass die Jünger über diese Frau gemurrt haben. Ich kann die Jünger so gut verstehen. Ich stehe auf ihrer Seite; denn so exaltierte Frauen sind unangenehm.

Ich fürchte nichts mehr als Hysterie und Aufregung des weiblichen Geschlechts.
Doch dann musste ich feststellen: Der Herr steht auf Seiten dieser Frau. Und weil ich überzeugt bin, dass Jesus immer Recht hat, blieb mir nichts anderes übrig, als meine Gedanken korrigieren zu lassen und zu hören, was ich hier gesagt bekomme. Das will ich euch nun weitergeben.
Hier im Text sehen wir das

Christentum des Herzens

1. Hier hat Jesus ein Herz eingenommen

Die geistliche Geschichte dieser Frau – Maria heißt sie – fängt ja nicht damit an, dass sie bei diesem Gastmahl den Herrn Jesus mit der kostbaren Narde überschüttete. Da ist schon Entscheidendes voraufgegangen. Ehe sie dem Sohn Gottes so überschwänglich ihre Liebe zeigte, war die Liebe Gottes in Jesus zu ihr gekommen und hatte ihr Herz erfüllt. Über die Geschichte des Textes könnte man das Wort des Johannes schreiben: »Lasst uns ihn lieben, denn er hat uns zuerst geliebt.«
Der Apostel Paulus hat einmal gesagt: »Die Liebe Gottes ist ausgegossen in unser Herz.« Haben wir eigentlich eine Ahnung davon, wie

das ist? Ich kenne euren geistlichen Zustand nicht. Vielleicht habt ihr einige christliche Gedanken. Vielleicht sogar ein wenig Erkenntnis der Sünde und einige Bußregungen. Ja, vielleicht habt ihr sogar Sehnsucht nach Gottes Heil oder sogar einigen Glauben. Wahrscheinlich liegt das alles zwischen anderem Gerümpel auf dem Grunde unseres Herzens. Aber – wovon ist das Herz erfüllt?

Bei dieser Maria war die Liebe Gottes ausgegossen in das Herz. Wie so etwas zugeht? Heute genauso wie vor 2000 Jahren. Die Sache fängt damit an, dass man in Gottes Licht kommt. Von dem Augenblick ab braucht uns niemand mehr zu erklären, was das ist: »ein verlorener und verdammter Sünder«. So fremd uns dieser Satz vorher war – nun versteht man ihn. Man sieht, dass man nicht in Gottes Reich passt, dass man Gott ein Gräuel ist – und das erkennt man gerade dann, wenn man zum ersten Mal gern ein Kind Gottes sein möchte.

In diesem Zustand ist dieser Maria Jesus begegnet. Da hat sie fast visionär erkannt: Gott stößt mich nicht hinaus. Ja, viel mehr: Der Sohn Gottes ist gekommen, mich zu suchen und zu verändern und zu reinigen und Gott angenehm zu machen. Da öffnete sie ihr Herz dieser Liebe Gottes in Jesus.

Es gibt einen Liedervers, der das so wundervoll ausdrückt: »Liebe, die mich hat gebunden / an ihr Joch mit Leib und Sinn; / Liebe, die mich überwunden / und mein Herz hat ganz dahin: / Liebe, dir ergeb ich mich, / dein zu bleiben ewiglich.«

Das ist eine große Sache, wenn Jesus das Herz einnimmt. Wie steht es da mit uns? Vielleicht verstehen wir das Verhalten der Maria bei dem Gastmahl einfach darum nicht, weil wir Gottes Liebe in Jesus zu uns noch gar nicht begriffen haben. Der Herr Jesus hat den Petrus einmal gefragt: »Hast du mich lieb?« Er wird ja auch uns einmal diese Frage stellen. Wir werden sie nicht beantworten können, wenn wir nicht vorher aus bedrängtem Herzen den Herrn Jesus gefragt haben: »Hast denn du einen Menschen wie mich lieb?« und darauf die Antwort bekamen: »Wie lieb ich dich habe, kannst du an meinem Kreuz sehen. Mir ist das Herz gebrochen für dich.«

2. Hier brennt ein Herz in reiner Leidenschaft

Wir sehen bei dieser Maria etwas Großes: eine Leidenschaft des Glaubens – eine Leidenschaft für den geoffenbarten Gott. Wir finden diese Leidenschaft nicht nur bei Maria. Als zwei Jünger dem auferstandenen Herrn Jesus begegnet waren, bekannten sie einander: »Brannte nicht unser Herz in uns, da er mit uns redete auf dem Wege!«

Und ich denke an die Geschichte vom Grafen Zinzendorf. Der saß einst mit ein paar Standesgenossen zusammen. Da kam das Gespräch auf ihre Leidenschaften. Man nannte das damals »Passionen«. Einer erklärte: »Meine Passion ist die Jagd.« Ein anderer: »Meine Passion ist das Glücksspiel!« Der Dritte sagte lachend: »Meine Passion sind nur schöne Frauen.« Schließlich fragte man den Grafen Zinzendorf, was denn sein Herz ausfülle. Da erklärte er: »Meine Passion ist Er, Jesus, nur Er.«

Was sind wir dagegen doch für wunderliche Christen! Man liest oft eine Reklame: »Coca-Cola – eisgekühlt.« Ich meine manchmal: Wir machen Reklame für eisgekühltes Christentum. Wir kommen nie in den Verdacht, dass wir exaltiert seien. Darum heißt es auch bei uns nie wie bei jener Maria: »Das Haus ward voll vom Geruch der Narde.«

Maria zeigt uns die Leidenschaft des Glaubens. Leidenschaft hat es mit dem Gefühl zu tun. Nun ist es bei uns Mode geworden, dass jeder Kandidat schon wettert gegen so genanntes »Gefühlschristentum«. Man ist offenbar heute der Meinung, alles geistliche Leben habe im Eiskeller theologischer Überlegungen stattzufinden.

Nun, Maria schämte sich ihrer brennenden Liebe zu Jesus nicht. Und damit zeigt sie uns etwas Wunderbares: eine reine Leidenschaft.

Unreine Leidenschaften kennen wir alle. Wie werden sie in den Kinos hoch gepriesen! Trotzdem stehen sie unter Gottes »Nein« und führen ins Verderben.

Was ist das Kennzeichen einer unreinen Leidenschaft? Da steht das »Ich« im Mittelpunkt. Es sucht seine Lust und seine Sättigung.

Die reine, göttliche Leidenschaft hat dem »Ich« den Tod gegeben. Maria opferte die Narde, ihr Herz und alles. Dabei will sie nichts für sich. Es geht ihr um Ihn, um den Herrn Jesus. Das ist die Leidenschaft des Glaubens.

3. Nun lebt dies Herz in königlicher Freiheit

Es gibt einen interessanten Roman des Engländers Kipling: »Kim«. Darin schildert er einen indischen »Heiligen«, der immer bestrebt ist: »Wir wollen Verdienst erwerben.«

Wir wollen doch ruhig zugeben: Genauso denken wir auch oft. Wir nehmen den Christenstand ernst, wir verzichten auf manches, wir tun manches für unseren Herrn – mit dem geheimen Gedanken: »Ich will Verdienst erwerben.« Das ist Zwang und nicht Freiheit.

Was meint ihr: Wollte Maria Verdienst erwerben, als sie den Herrn salbte? O nein! Das hatte sie auch gar nicht nötig. Jesu Verdienste, im Glauben angenommen, genügen reichlich.

Maria zerbrach das Glas einfach aus Liebe zu Jesus und aus Freude an Jesus. Und so sollte alle unsere Heiligung sein. Das ist das wahre Herzens-Christentum, wo man dem Herrn Jesus sein Leben heiligt aus Freude und Liebe. Nur eine solche Heiligung hat den Geruch der köstlichen Narde.

Ohne Zweckabsichten, ohne Hintergedanken die Narde eines geheiligten Lebens darbringen – das ist die königliche Freiheit der Kinder Gottes.

Im Glauben ist Maria frei Gott gegenüber. Bei Ihm ist alles gut, weil Jesus da ist. Und diese Freiheit hat sie auch Menschen gegenüber. Was kümmert sie das Gemurmel der Jünger über ihr Tun!

Solche Freiheit möchten wir alle auch wohl gern haben. Die Freiheit von Menschen kommt nicht aus unserer Charakterstärke, sondern aus dem Hingenommen-Sein von dem Erlöser. Der Herr schenke uns solche Freiheit und solch einen Herzens-Christenstand!

84 DM

Matth. 26,14-15: Da ging hin der Zwölf einer, mit Namen Judas Ischariot, zu den Hohenpriestern und sprach: Was wollt ihr mir geben? Ich will ihn euch verraten. Und sie boten ihm dreißig Silberlinge.

Es gibt ein Sprichwort: »Alles in der Welt hat seinen Preis.« Das ist gewiss richtig.
Die meisten Dinge haben einen festen Preis, der für alle gilt. Ein Brötchen kostet für jedermann das gleiche. Und ein Volkswagen ebenfalls.
Daneben aber gibt es andere Dinge, die haben einen Liebhaber-Preis. Für ein Gemälde von Picasso z. B. bezahlen die einen eine halbe Million. Die anderen aber erklären: »Solch einen Unsinn würde ich mir nicht in meine Wohnung hängen, selbst wenn ich das Bild geschenkt bekäme.«
Nun fragt ihr: »Was hat denn das mit dem Evangelium zu tun, das du doch hier predigen sollst?«
Darauf antworte ich: »Nicht nur tote Dinge haben einen Liebhaber-Preis, sondern auch – der Herr Jesus.« Davon spricht unser Text. Er wirft die Frage auf:

Was ist Jesus wert?

1. Was sagt Judas dazu?

Der Hohe Rat war in Verlegenheit. Man hatte beschlossen, Jesus zu töten. Doch man hatte Angst vor dem Volk. Man fürchtete Tumulte. Und darum war die Frage: »Wie kann man Jesus unauffällig verhaften?« Als man noch darüber beriet und keinen Rat wusste, wurde gemeldet: »Ein Jünger dieses Jesus möchte den Hohenpriester sprechen.«

Bei dem, was nun folgte, ging es furchtbar nüchtern zu. Judas erklärte: »Ich bin bereit, euch Jesus in die Hände zu spielen. Was zahlt ihr?«

Ich wäre versucht zu glauben, dass der Himmel den Atem anhielt. Aber dem war nicht so. Man wusste im Himmel schon den Preis. Denn der Prophet Sacharja, der fast 550 Jahre vorher lebte, hat ein seltsames Wort von einem Hirten gesagt. Da spricht der Hirte: »Bringet her, wie viel ich gelte. Und sie wogen dar, wie viel ich galt: 30 Silberlinge.«

Ohne von ferne an diese Bibelstelle zu denken, einigten sich Judas und der Hohe Rat auf 30 Silberlinge. Das sind genau 84 DM.

»Was ist Jesus wert?« fragten wir. Judas antwortete: »84 DM.« Nun frage ich euch: »Ist das viel oder wenig?«

Ich finde, es ist sehr viel. Denn wenn ich meine Zeitgenossen ansehe, dann entdecke ich: Sie geben Jesus her, ohne etwas dafür zu verlangen. Sie geben Ihn umsonst ab. Unsere Zeit wirft Jesus weg wie – ja wie einen alten Stiefel, den der Großvater noch getragen hat, den aber der Enkel wirklich nicht mehr brauchen kann. Dem Judas war Jesus immerhin 84 DM wert. Und bei dieser Taxierung ist Judas nicht stehen geblieben. Die Geschichte hat ja eine Fortsetzung: Jesus also wurde unauffällig verhaftet. Und der Hohe Rat konnte den Prozess nach seinem Willen lenken. Jesus wurde zum Tod verurteilt.

Als Judas das hört, kommt er zu sich. Er eilt mit dem Beutel, dem er noch keinen Silberling entnommen hat, zu dem Hohenpriester: »Ich habe unschuldig Blut verraten. Nehmt euer Geld zurück!«

Seltsame Geldgeschichte! Es ist eine allgemeine Rede unter uns, dass einer sagt: »Geld macht nicht glücklich.« – Darauf der andere: »Aber es ist eine große Beruhigung.« Hier würde Judas leidenschaftlich widersprechen: »Dies Geld hat mich gebrannt wie Feuer!« Ob nicht manch einer unter uns Geld hat, das im Gewissen wie Feuer brennt?!

Wie erging es Judas? Der Hohepriester zuckte die Achseln: »Ich kann dir nicht helfen! Das Geld nehme ich nicht zurück.« Da warf Judas den Beutel in den Tempel und beging Selbstmord. Welch dunkle Nachtstunde, als der verzweifelte Mann sich erhängte! Wenn wir ihn da gefragt hätten: »Judas, was ist Jesus wert?«, so hätte er geschrien: »Alles, alles ist Er wert! Aber – für mich ist jetzt alles zu spät.« So fuhr er dahin.

2. Was sagen wir dazu?

»Was ist Jesus wert?« Es gibt keinen Standard-Preis für Jesus. Es muss jeder von uns sich selber klar werden: »Was ist mir Jesus wert?«
Ehe wir darauf antworten, müssen wir uns eben noch einmal deutlich machen: Wer ist dieser Jesus, der hier verhandelt wird? Er ist der, der aus der ewigen Welt Gottes zu uns kam. Darum ist Er das Licht der Welt. Angetan mit unserem Fleisch und Blut ließ Er sich an das Kreuz schlagen, um für unsere schrecklichen Sünden das Gericht zu tragen. Er ist der, den der Tod nicht bezwingen konnte und der darum am dritten Tag aus dem Grab auferstand. Er ist der Einzige, der uns Schuld vergeben kann. Er ist der Einzige, der mit Gott versöhnt. Er ist der Friedensbringer, die Lebensquelle, der Freudenmeister, der Kraftheld, der ewige König.

So – und nun fragen wir uns: »Was ist mir Jesus wert?«
Ich kann euch die Antwort nicht abnehmen. Ich kann euch nur erzählen von ein paar Leuten, denen Jesus sehr viel wert war, mehr als 84 Mark.
Da erzählt die Bibel von einem jungen Mann Stephanus. Dem hatte Jesus das Herz abgewonnen. Und darum konnte er auch nicht schweigen von Ihm. Eines Tages gab es einen großen Tumult. Eine rohe Volksmenge drängte drohend auf Stephanus ein und erklärte: »Jetzt machst du Schluss mit Jesus, oder wir steinigen dich!« Da erklärte Stephanus: »Jesus ist mir mehr wert als mein Leben.« Und dabei blieb er auch unter dem tödlichen Steinhagel.
Ihr kennt doch den Petrus. Der wurde mit dem jungen Johannes zusammen eines Tages verhaftet und vor den Rat gestellt. Drohend wurde den beiden gesagt: »Ihr dürft nicht mehr von Jesus zeugen.« Ihnen war klar: Wenn wir jetzt nicht nachgeben, sind wir Ausgestoßene aus unserem Volk. Doch sie blieben bei Jesus. Damit erklärten sie: Jesus ist uns mehr wert als unser Volk.
Und nun muss ich von Paulus reden. Als ihm Jesus begegnete, stand er vor der Frage, ob er eine großartige Laufbahn als Ratsmitglied

preisgeben solle. Er hat es getan. Jesus war ihm mehr wert als seine Karriere. Ja, mehr als sein Leben. Paulus starb auch als Märtyrer. Doch hat er seltsamerweise davon wenig Aufhebens gemacht. Etwas anderes aufzugeben war ihm schwerer. Ob ich das wohl klarmachen kann? Paulus hatte sich gemüht, vor Gott rechtschaffen zu sein. Seine Werke und Verdienste galten ihm alles. Wenn er Jesus annahm, musste er seine eigene Gerechtigkeit preisgeben und sich als Sünder bekennen, um die Gnaden-Gerechtigkeit zu bekommen, die Jesus am Kreuz erworben hat. Wie entschied er sich? Paulus erklärt im Philipperbrief: »Ich habe meine eigene Gerechtigkeit als Dreck aufgegeben, um die Gerechtigkeit Jesu zu bekommen.« Jesus war ihm mehr wert als seine eigene Gerechtigkeit vor Gott.

Und nun – was ist uns Jesus wert? Wendet nicht ein: Das waren alles große Apostel! Ich sage euch: Sie hatten viele Nachfolger, schlichte und namenlose Leute, denen Jesus mehr wert war als Hab und Gut, als Ehre und Leben und alles andere.

3. Was sagt Jesus dazu?

Er sagt kein Wort dazu. Er hat nichts dazu gesagt, als Er für 84 Mark verhandelt wurde.

Und Er wartet schweigend ab, was Er uns wert ist. Irgendwann müssen wir darauf Antwort geben. Jesus wartet auf unsere Antwort.

Nein! Dazu sagt Er nichts. Aber Er erklärt uns etwas anderes in dieser Sache. Er sagt: »Ich will euch wissen lassen, was ihr mir wert seid.«

Ja, das lässt Er uns wissen, wie viel wir Ihm wert sind. Wir sind Ihm so viel wert, dass Er Sein wundervolles, reiches und gesegnetes Leben für uns hingibt in den schrecklichen Tod am Kreuz. Während Judas den Heiland für 84 Mark verhandelt, macht Jesus eine andere Rechnung auf. Die sieht so aus: »Ich bezahle jetzt für den elendesten Sünder und für den stolzesten Ungläubigen und für den verbohrtesten Selbstgerechten den größten Preis.« Luther hat uns das so erklärt: »Ich glaube, dass Jesus Christus sei mein Herr, der mich verlorenen und verdammten Menschen erlöst hat, erworben und gewonnen von allen Sünden, vom Tode und von der Gewalt des Teufels – nicht mit Gold oder Silber, sondern mit seinem heiligen, teuren Blut und mit seinem unschuldigen Leiden und Sterben.« So viel sind wir Ihm wert!

Und nun – was ist Er uns wert? Wir müssen antworten!

Die Schürze

Joh. 13,4-5a: Jesus stand auf vom Abendmahl, legte seine Kleider ab und nahm einen Schurz und umgürtete sich. Danach goss er Wasser in ein Becken und hob an, den Jüngern die Füße zu waschen.

Ehe ich an die Predigt-Vorbereitung ging, habe ich mir noch einmal ein Bild von der Fußwaschung Jesu angesehen, das ich besonders liebe. Es stammt aus dem Jahre 980 und findet sich in einem Evangeliar Kaiser Ottos II. Da sieht man Jesus mit hochgeschürzten Ärmeln und der vorgebundenen Schürze. Aber über dieser Knechtsgewandung erhebt sich ein majestätisches Haupt. Mit grotesk ausgestreckten Armen wendet sich Petrus verlangend dem Herrn zu.

Diese Geschichte von der Fußwaschung hat in der stolzen abendländischen Welt einen tiefen Eindruck gemacht. Mit welcher Liebe haben die größten Künstler sich bemüht, sie darzustellen! Ich denke an Holbein und Dürer.

Und es ist wunderlich, dass der Papst heute noch am Gründonnerstag zwölf Priestern die Füße wäscht in einer feierlichen Zeremonie, die den damaligen Vorgang nachbildet. Ja, der spanische König Philipp II. hat diesen Dienst zwölf elenden Bettlern getan. Es ist also offenbar eine sehr eindrückliche Geschichte.

Weil wir nun in dieser Predigtreihe über die »Gegenstände der Passion« reden, wollen wir unseren Blick vor allem auf die Schürze richten, die der Herr sich damals umgebunden hat.

Die Schürze des Herrn Jesus

1. Es ist die Schürze eines Hausknechts

Im Speisesaal eines großen Schweizer Hotels fragte ich einmal den Herrn »Ober«: »Warum sind hier alle Kellner so verschieden angezogen? Sehen Sie, da kommt einer im Frack. Und der dort hat ein weißes Jackett mit schwarzer ›Fliege‹. Und jener trägt ein weißes Jackett, aber einen weißen Binder dazu. Ist das Zufall? Zieht ein jeder an, was er gerade hat?« Entsetzt hob der Gefragte die Hände: »Aber nein! Da sind große Unterschiede! Der mit dem schwarzen Binder nimmt die Bestellungen an; der mit dem weißen hat nur das Essen zu bringen. Und der mit dem Frack hat die Weinkarte.«

»Das sind ja Rangunterschiede wie beim Militär!« dachte ich. Und ehrfürchtig sagte ich zum »Ober«: »Und Sie sind ganz oben?« »Ich habe auch 30 Jahre dazu gebraucht!« erwiderte er stolz. Er ging weiter. Und ich überlegte: »Der mit dem weißen Binder ist noch nicht der Unterste. Da geht es noch weit hinunter. Und ganz, ganz unten ist der Mann mit der grünen Schürze, der Hausknecht, der die Koffer schleppt und die Schuhe putzt.«

Und seht! So einer ganz unten ist der Sohn Gottes geworden, als Er sich die Schürze umband: einer, der die Schuhe putzt und die Lasten schleppt. Er sagt von sich selbst: »Ich bin nicht gekommen, dass ich mir dienen lasse, sondern dass ich diene und gebe mein Leben zur Bezahlung für viele.«

Der Herr aller Herren als Hausknecht! Es verschlägt einem den Atem. Aber wenn es Ihm nun schon so gefallen hat, dann wollen wir Ihn doch auch in Anspruch nehmen.

Ich habe einmal in einem Hotel meinen Koffer selbst die Treppe hinuntergeschleppt. Unten stand der Mann in der grünen Schürze und war richtig beleidigt. Nicht wegen des Trinkgelds; das habe ich ihm gegeben. Sondern weil ich ihn gewissermaßen für überflüssig ansah.

Wollen wir den Heiland in der Schürze so beleidigen? Es sind viele hier, die schleppen ihre Lebenskoffer noch selber. Sie tragen ihre unvergebenen Sünden auf dem Gewissen mit sich herum. Sie kämpfen ihre Anfechtungen allein aus. Sie wollen ihre persönlichen Sorgenlasten allein schleppen.

Wie töricht! Der Sohn Gottes hat die Schürze des Hausknechts umgetan. Nun nehmt Ihn auch in Anspruch! Hört doch, wie Er uns Beladenen sagt: »Kommt her zu mir alle, die ihr beladen seid. Ich will euch erquicken.«

Die grüne Schürze Jesu ist die herrliche Fahne der Hoffnung für alle, die müde sind und sich abschleppen. Und wer gehörte nicht dazu?! Lasst uns doch alle Sünden- und Sorgenkoffer im Gebet dem Heiland in die Hand geben!

2. Er trocknet die Füße eines jeden Jüngers mit der Schürze

Ich habe mir die Fußwaschungs-Szene recht deutlich zu vergegenwärtigen versucht. Dabei ist mir der Gedanke gekommen: Jesu Dienst muss recht lange gedauert haben, weil jeder Jünger besonders und einzeln an die Reihe kam. Und das ist wichtig!

Ein Staatsmann hat gesagt: »Wir müssen heute eine globale Strategie treiben«, d. h. eine Strategie, welche die ganze Erde im Auge hat. Nun, unser Herr Jesus hat schon lange eine globale Strategie getrieben. Als Er am Kreuz hing, starb Er für die ganze Welt. Das Neue Testament ist voll mit Aussagen über diese globale Strategie. »So sehr hat Gott die Welt geliebt, dass er seinen eingeborenen Sohn gab.« Hört es: die Welt!

Und Paulus bezeugt: »Gott war in Christo und versöhnte die Welt mit ihm selber.«

Also – Christen sollten in ganz großen Linien denken.

Aber nun ist es doch so: Unser kleines, persönliches Alltagsleben ist uns näher, als es die großen Weltdinge sind. »Ja, ja«, denkt unser Herz, »es ist ganz schön, dass Gott die Welt geliebt hat. Aber ich muss halt doch jeden Tag durchstehen mit seiner Einsamkeit und mit all seinen Verlassenheiten. – Ja, es ist ganz schön, dass eine große Versöhnung der Welt auf Golgatha stattgefunden hat. Aber es geht mir wie dem Liederdichter: »Doch kämpf ich noch hienieden / mit Sünd und Leidenschaft ...«

Wenn ich so ganz große Dinge höre, dann freut sich wohl mein Geist daran. Aber wenn ich dann meine Alltagsdinge ansehe, finde ich keine Verbindung zwischen beiden. Ich komme mir dann so vor, als sollte ich einen riesigen LKW in meiner kleinen Wohnung aufstellen.

Und da ist mir die Schürze Jesu so wichtig geworden. Jedem Jünger trocknet der Herr einzeln die Füße ab. Und es ist, als wolle Er sagen: »Sieh, ich meine dich! Dir will ich dienen mit meiner großen Macht und Liebe. Für dich hänge ich am Kreuz. Deine Nöte habe ich ganz speziell übernommen. Und du musst jetzt auch ganz persönlich nicht nur deine Füße, sondern alles mir hingeben; denn ich will die Sache deiner Seele führen.« Das Evangelium ist eine Weltsache. Aber die Schürze Jesu sagt mir: Es ist zugleich die allerpersönlichste Sache. Und wer von euch nur so ein Allerweltschristentum hat und nicht ein ganz persönliches Glaubens- und Gebetsleben, der hat keine Ahnung vom Evangelium.

Immer wieder hören wir im Neuen Testament diesen doppelten Klang. Lasst uns gerade die beiden Welt-Worte nehmen, die ich vorhin anführte. Da steht wohl: »Also hat Gott die Welt geliebt, dass er seinen Sohn gab.« Aber nun kommt es gleich auf eine persönliche Entscheidung heraus: »… auf dass alle, die an ihn glauben, nicht verloren werden.« Und das andere Wort: »Gott war in Christo und versöhnte die Welt mit ihm selber.« Aber dann geht es gleich ganz persönlich weiter: »Lasst euch versöhnen mit Gott!«

Jesu Schürze sagt jedem: »Ich meine dich – dich ganz allein!«

3. Die liebe Schürze

Seht ihr das Bild vor euch? Da kniet der Sohn Gottes vor einem Jünger und legt dessen Füße sanft in Seinen Schoß, um sie mit der Schürze abzutrocknen.
Wie sind diese armen, müden Füße für einen Augenblick geborgen!
Bald müssen sie wieder hinaus aus der Geborgenheit. Da heißt es: »Gehet hin in alle Welt!« Und: »Ich sende euch wie Schafe mitten unter die Wölfe.« Und ich bin gewiss: Die Jünger haben oft an diese köstliche Stunde gedacht, als ihre Füße so sanft geborgen in Jesu Schoß ruhten. Wenn sie wundgelaufen waren auf den Straßen der Welt, oder wenn sie in Kerkern in den Block gelegt wurden, oder wenn sie gar an einem Kreuz durchbohrt wurden – ja, da erinnerten sie sich, wie ihre Füße in Jesu Schoß lagen. Und das wurde ihnen ein Vorgeschmack und Angeld auf die zukünftige Welt, auf den Himmel, wo nicht nur die Füße, sondern das ganze Kind Gottes geborgen ist »in des Hirten Arm und Schoß« – wo Gott selber die Tränen abwischen wird von unseren Augen.
Da Jesus allen Seinen Leuten eine gewisse Hoffnung des ewigen Lebens schenkt, ist mir die Schürze Jesu wiederum eine Fahne

der Hoffnung auf die ewige Ruhe bei Jesus. Wie wird es sein, wenn wir Ihn rufen hören: »Kommt, ihr Gesegneten! Wenn wir im Licht / dastehend an des Gottesthrones Stufen / ihm schauen in sein gnädig Angesicht ...«

Das Waschbecken

Joh. 13,5: Danach goss er Wasser in ein Becken und hob an, den Jüngern die Füße zu waschen.

In den mittelalterlichen Kreuzzügen ist wohl aufgekommen, dass ritterliche Geschlechter sich ein Wappen zulegten.
Heute haben auch Städte ein Wappen; das unserer Stadt Essen ist zweigeteilt. In der einen Hälfte ist ein Schwert, in der anderen ein Adler. Ja! So sehen Wappen aus: Adler, Löwen, Kronen und Waffen.
Wenn die Gemeinde Jesu sich ein Wappen zulegen wollte – wie müsste das wohl aussehen? Es kommt euch sicherlich lächerlich vor, was ich jetzt sage: In das Wappen der Jesusjünger gehört – ein Waschbecken – ein richtiges, primitives, armseliges Waschbecken. Diese Gegenstände sterben ja im Zeitalter des Badezimmerkomforts langsam aus. Aber in das Wappen der Christen gehört das Waschbecken.

Das Waschbecken im Wappen der Christen

1. Es zeigt die Generallinie unseres Herrn Jesu

Jesus ist mit Seinen Jüngern zum Abendmahl

versammelt. Diese haben die Sandalen abgestreift und liegen nun nach der Sitte des Orients mit bloßen Füßen auf der breiten Polsterbank, die sich um den runden Tisch zieht. Eigentlich hätten die Jünger sich vorher den Staub von den Füßen waschen sollen. Aber – sie waren wohl zu müde. Oder es hätte ein Sklave erscheinen müssen, der den Gästen diesen Dienst tat. Aber in dem Hause gab es wohl keine Sklaven.

O doch! Es gibt einen! Seht, der Sohn Gottes hat Sein Obergewand abgelegt. Seine Ärmel hat er aufgeschürzt. Eine Schürze hat Er umgetan. In den Händen trägt Er ein Waschbecken. Und nun kniet Er vor einem Jünger nieder, um ihm die Füße zu waschen.

Der Herr der Herrlichkeit, der Sohn des lebendigen Gottes, Jesus Christus erniedrigt sich zum Sklaven, zum Knecht Seiner Jünger. Seht, darum gehört dies Becken in das Wappen. Es gibt die Generallinie unseres Heilandes an. Er will den Seinen dienen. In einem Weihnachtslied heißt es: »Er wird ein Knecht und ich ein Herr, / das mag ein Wechsel sein…!«

Das ist die erregende Botschaft der Bibel. Ich fürchte, wir haben sie noch viel zu wenig erkannt. Kürzlich sagte mir ein Mann: »Es ist doch ganz gleichgültig, was für eine Religion man hat, ob man Buddhist, Mohammedaner oder Christ ist. Die Hauptsache ist doch, dass man's ehrlich meint.«

Ich habe ihm entgegnet: »So können Sie ja nur reden, weil Sie gar keine Religion haben. Doch nun hören Sie gut zu: In allen Religionen wird der Mensch dazu angehalten, dass er Gott dient. Nur im herrlichen Evangelium steht etwas völlig Neues: Gott will durch Jesus uns dienen.«

Hier muss ich noch einmal die Geschichte erzählen, die mir ein amerikanischer Freund berichtete. Sein kleiner Sohn wurde jeden Abend angehalten, dem Vater die Schuhe zu putzen. Dabei kamen ihm allerlei Gedanken. Eines Tages fragte er: »Vater, wer putzt eigentlich dem lieben Gott die Schuhe?« Der Vater wusste keine Antwort. Aber als er bald darauf unsere Textgeschichte las, rief er seinen Jungen und erklärte ihm: »Wer Gott die Schuhe putzt, das weiß ich immer noch nicht. Aber eines weiß ich jetzt: Er will uns die Schuhe putzen.« Und dann las er dem Jungen die Geschichte von dem Waschbecken vor und davon, wie Jesus Seinen Jüngern die Füße wusch.

Generallinie Jesu: Er will uns dienen! Haben wir das nicht nötig? Werdet ihr allein fertig mit euren Nöten? Und wie wollt ihr eure Schuld loswerden vor eurem Sterben? Und wo wollt ihr Frieden und Leben finden? Wir haben Jesu Dienen sehr nötig!

Ich schließe diesen Abschnitt mit einem Vers von Zinzendorf: »Dieses ist das Große, / nicht zu übersehn: / Aus des Vaters Schoße / in den Tod zu gehn / für verlorne Sünder, / o du höchstes Gut! / Dass sie Gottes Kinder / würden durch sein Blut.«

2. Es zeigt die Generallinie unseres Wesens und Unheils

Wir sagten: Das Waschbecken Jesu gehört in das Wappen der Christen; denn es zeigt an der Schwelle der Passionsgeschichte, um was es eigentlich geht in dieser ganzen großen und schweren Gottessache. Ja, das Waschbecken zeigt es: Es geht um unsere Unreinigkeit und um unsere Reinigung.

Was ist das doch für ein Mark und Bein durchdringendes Wort des Propheten Jesaja: »Nun sind wir allesamt wie die Unreinen, und alle unsere Gerechtigkeit ist wie ein unflätig Kleid.« Das ist wahr! Aber furchtbar wird diese Tatsache durch ein Wort des Neuen Testaments: »Das sollt ihr wissen, dass kein Unreiner Erbe hat in dem Reich Gottes.«

Es ist etwas Seltsames: Millionen Menschen

haben das nie begriffen und leben darum vergnügt, wenn auch mit einer gewissen Unruhe, in Blindheit dahin. Aber es kann geschehen, dass uns die Augen aufgetan werden. Dann schreit auch unser armes Gewissen: »Nun sind wir allesamt wie die Unreinen.«

Wer das weiß, lebt auf einer anderen Ebene als die unerleuchteten Menschen. Nicht soziale Gegensätze und nicht politische Unterschiede und nicht Rassengegensätze schaffen eine solche Trennung unter den Menschen wie dies, ob man im Licht Gottes seine Unreinigkeit erkannt hat oder nicht.

Mit denen, denen die Augen aufgetan sind, rede ich jetzt. Ihr werdet verstehen, wie groß das Wort ist, das Gott durch Hesekiel sagen lässt: »Von all eurer Unreinigkeit will ich euch reinigen.« Und da steht nun Jesus vor uns mit dem Waschbecken. Der große Reiniger! Dies Waschbecken gibt gleichsam das Stichwort an für die ganze Passion Jesu, für Sein Leiden und Sterben am Kreuz und für Sein Auferstehen: »Ich will euch reinigen.« Was das Waschbecken andeutet, das vollendet Er am Kreuz: »Das Blut Jesu Christi macht uns rein von aller Sünde.«

Um Reinigung geht es in der Passion Jesu. In einem Lied heißt es: »Der Schächer fand den

Wunderquell, / den Jesu Gnad ihm wies, / und dadurch ging er rein und hell / zu ihm ins Paradies ...« Dieser Schächer, der neben Jesus am Kreuz hing und durch Gnade gereinigt wurde von Schuld, hat ein seltsames Denkmal in Augsburg. Auf einem alten Friedhof hängt an einer Kapellenwand das Schächerkreuz. Darunter sind zwei alte Grabplatten, deren lateinische Schrift sagt, dass ... ja, das muss ich eben berichten. Unter diesem Kreuz wurden die zum Tode Verurteilten begraben. Und als die freie Reichsstadt 1806 die Gerichtsbarkeit verlor, fand man im Testament der beiden letzten Richter die Bitte, sie möchten unter dem Schächerkreuz bei den Verurteilten begraben werden. Nun sagen die beiden Grabplatten, dass hier zwei Juristen begriffen haben: Wir sind allesamt (Richter und Schächer) wie die Unreinen. Aber wir werden gereinigt durch Jesu Blut. Das ist eine das Gewissen befreiende Botschaft.

3. Es zeigt die Generallinie der Jesus-Nachfolge

Der Herr Jesus hat Seinen Jüngern die Füße gewaschen. Damit hat Er angedeutet: Jeden Tag brauchen wir Seine Reinigung, solange wir auf den staubigen und versuchlichen Straßen der Welt wandern müssen. Bis ins Sterben hinein brauche ich Sein Reinigen und Sein Blut. Aber wer es mit Jesus hält, der sucht sich die richtige Straße aus: die Straße, wo Er vorangeht. Jesus-Jünger, Jesus-Gereinigte sind auch Jesus-Nachfolger.

Wie sieht das aus? Als der Herr das Waschbecken weggestellt hatte, sagte Er: »Ein Beispiel habe ich euch gegeben.«

Verstehen wir das? In der Welt stehen die Menschen sich wie Raubtiere gegenüber: die Weltmächte mit ihren Verderben bringenden Atombomben; die Gewerkschaften und Arbeitgeber-Verbände stehen sich wie Raubtiere gegenüber; und in den Häusern stehen sich die Menschen wie Raubtiere gegenüber.

Und dazwischen leben die Jesus-Jünger und erklären in der Nachfolge Jesu: »Ich will kein Raubtier mehr sein. Ich will Knecht werden und dienen.« Ich war einmal bei meiner alten Mutter zu Besuch. In ihr Haus kamen viele Gäste. Eines Tages, als ich mit ihr allein war und alle jungen Hilfen fort waren, kam eine Schar Studenten. Sie begrüßte sie herzlich. Und dann ging sie in die Küche, um ein reichhaltiges Essen zu bereiten. Ich wurde ärgerlich: »Mutter, du brauchst doch nicht Dienstmädchen zu spielen für diese Burschen!« Da schob sie mich nur lachend beiseite. Und heute muss ich sagen: Ich habe sie selten schöner gesehen als in dieser Stunde.

Und nun sehe ich im Geist all die Gotteskinder vor mir, die ihr eigenes Ich mit Jesus an das Kreuz gaben und liebten und dienten. Eine niedrige und doch herrliche Schar! Überstrahlt vom Licht der Ewigkeit. Wollen wir es nicht mit ihnen halten?

Die Suppenschüssel

Matth. 26,23: Jesus antwortete und sprach: Der mit der Hand mit mir in die Schüssel taucht, der wird mich verraten.

Die Schweiz ist ein sehr kultiviertes Land. Aber ab und zu stößt man doch auf seltsame, uralte, raue Sitten. Da war ich einmal zu einem Fondue-Essen eingeladen. Als ich kam, war der Hausherr selbst in der Küche beschäftigt, in einen Käsebrei allerlei Dinge hineinzurühren. Schließlich wurde die große Schüssel auf den Tisch gestellt. Und dann war es wunderlich, wie nach dem Tischgebet die ganze Familie, Alte und Kinder, sich um die Schüssel drängte. Mit Brotstücken fuhr jeder in den Topf und verzehrte diese käsegetränkten Stücke mit Behagen. Und das geschah nicht in einer Sennhütte, sondern in einer hypermodernen Wohnung.

Seitdem kann ich mir das Abendessen vorstellen, das der Herr Jesus mit Seinen Jüngern hielt. Früher habe ich nämlich nie recht verstanden, was das heißen soll: »Der mit mir die Hand in die Schüssel taucht ...«

Ich habe im Geist diese Schüssel gesehen. Um

sie herum geschah Seltsames. Jesus sagte mitten im Mahl: »Einer unter euch wird mich verraten.« Erschrocken fragte jeder Jünger: »Herr, bin ich's?« Und Jesus darauf: »Der mit der Hand mit mir in die Schüssel taucht, der wird mich verraten.« Und es geschah, dass sich zwei Hände in der Schüssel begegneten.
Da hörte ich

Die Predigt der Schüssel

1. In mir geschah etwas Anbetungswürdiges

Ehe ich euch das zeige, muss ich eine Erklärung abgeben: Unablässig höre ich von Theologen und anderen Leuten den Satz: In der Reformationszeit fragte der Mensch, wie er einen gnädigen Gott bekomme. Diese Frage interessiert den Menschen von heute nicht. Der fragt vielmehr: Wie werde ich mit dem Leben, mit der Ehe, mit dem Beruf fertig? Und darum müsst ihr jetzt darüber predigen.

Darauf antwortete ich: Ich kann nicht das predigen, nach dem den Leuten »die Ohren jücken«. Ich muss vielmehr weitergeben, was Gottes Wort sagt. Und Gottes Wort sagt: Die wichtigste Frage für den Menschen bleibt die, wie sein Leben mit dem heiligen, schrecklichen und lebendigen Gott in Ordnung kommt. Und wenn diese Frage uns nicht mehr umtreibt, dann zeigt das nur, wie blind und dumm wir geworden sind. Meine Predigt aber kann sich nicht nach der Oberflächlichkeit unserer Zeit richten.

Nun will ich aufzeigen, wie in der Schüssel etwas Anbetungswürdiges geschah.

Der große Freund Gottes, Mose, bat einst den Herrn: »Lass mich deine Herrlichkeit sehen!« Und die Antwort? »Kein Mensch wird leben, der mich sieht.« Deutlicher kann die tiefe Kluft zwischen dem heiligen Gott und dem unheiligen Menschen nicht gezeigt werden.

Aber nun steht in demselben 2. Mosebuch, in dem dies berichtet wird, eine seltsame Geschichte: 70 Älteste stiegen mit Mose auf den Berg Horeb und »sahen den Gott Israels. Und er reckte seine Hand nicht aus wider sie. Und da sie Gott geschaut hatten, aßen und tranken sie.«

Wie ist das möglich? Sie sahen gewiss den, in dem Gott uns Sündern gnädig ist, Jesus, den Sohn Gottes, der von Ewigkeit her beim Vater war.

Nun ist es auffällig, dass da ausdrücklich steht: »Nachher aßen und tranken sie.« Das will uns aufmerksam machen darauf, dass noch Größeres geschehen sollte: Dieser Sohn Gottes wurde in der Fülle der Zeit Mensch. Und der Judas durfte Ihn nicht nur von ferne sehen und hinterher essen. Nein! Er durfte mit dem Herrn essen und trinken. Er durfte mit Ihm die Hand in die Schüssel tauchen.

Zwei Hände begegneten sich in der Schüssel. Da geschieht das Anbetungswürdige, dass in Jesus der heilige Gott sich in die engste Gemeinschaft mit Sündern begibt. Paulus rühmt mit der gläubigen Gemeinde: Seitdem wir Jesus angehören, sind wir »Gottes Hausgenossen« geworden.

Die Schüssel predigt: »Sehet doch, wie nah Jesus sich zu sündigen Menschen tut! Sehet dies Wunder, wie tief sich der Höchste hier beuget!«

Das möchte ich recht begreifen und rühmen: dass ich mit meinem Heiland in engster Gemeinschaft leben darf. Darauf verweist die Predigt der Schüssel.

Aber nun hat sie noch Weiteres zu sagen.

2. In mir geschah etwas Entsetzliches

Ich will gleich sagen, was dies Furchtbare war: In diesem Augenblick entschloss sich Judas, endgültig von Jesus abzufallen. Und in demselben Augenblick gab der Herr den Judas endgültig auf.

Dies kann uns sehr nahe angehen. Wir sind so geneigt, von der Sünde der »Welt« zu sprechen. Oft reizt es mich, mit flammenden Worten davon zu reden: Mit einem Schlage könnte die furchtbare Wohnungsnot beseitigt werden, wenn das Geld nicht ausgegeben würde für Karneval, Kasernen, Atomversuche und Wahlpropaganda. Aber – hat es einen Sinn, von der gefallenen Welt Früchte der Gerechtigkeit zu erwarten?

Unser Text zeigt uns: Richtig sündigen können nur die Jesus-Jünger. Judas taucht seine Hand mit Jesus in die Schüssel. Er steht in der engsten Gemeinschaft mit dem Sohn Gottes. So hoch ist er erhöht worden. Nur wer hoch steht, kann tief fallen. So fällt Judas tief. Alle, die durch Jesus Kinder Gottes geworden sind, weil sie Vergebung der Sünden haben, die stehen hoch. Aber gerade darum können sie, nur die Kinder Gottes, tief fallen.

Von Judas heißt es in der Geschichte: »Da er den Bissen genommen hatte, fuhr der Satan in ihn.«

Unheimlich, wie hier die Bibel die innere Geschichte eines Menschen schildert! Wir haben alle unsere Geschichte. Die Psychologen mühen sich, diese zu verstehen. Sie kommen nicht weit. Einfach darum, weil sie nicht damit rechnen, dass in der inneren Geschichte eines Menschen der in Jesus geoffenbarte Gott eine Rolle spielt. Wir können Ihn hinhalten, wir können uns gegen Ihn verstocken, wir können an Ihn glauben, uns Ihm hingeben – das alles ist entscheidend für unsere innere Geschichte. Bei Judas kam diese innere Geschichte zu ihrem Abschluss. Er fiel endgültig von Jesus ab. Ich fürchte, es könnten hier Menschen sein, die dem Judas darin folgen.

Das geschah, während Judas die Hand in die Schüssel tauchte. Aber in derselben Sekunde geschah etwas noch Furchtbareres: Jesus gab den Judas endgültig auf. Er sagt: »Wehe dem Menschen!«

Bitte, seht recht hin! Nicht einen bösen Weltmenschen gibt Jesus auf, sondern einen christlichen Mann; einen Mann, der jahrelang Sein Jünger war; einen Mann, den jeder dafür ansah, dass er zu Jesus gehörte. Den gab Jesus auf.

Da ist ein langes Spiel mit der Sünde vorausgegangen. Da ist auch manches Werben Jesu vorhergegangen. So schnell geschieht das nicht, dass Jesus einen Menschen aufgibt. Aber – es kann geschehen! Das müssen wir wissen. Das will die Schüssel sagen.

Und nun predigt die Schüssel noch einen dritten Teil:

3. In mir geschah etwas Symbolisches

Zwei Hände trafen sich in der Schüssel: Die Hand des Sohnes Gottes und die Hand des Judas. Zwei Welten trafen sich damit in der Schüssel. Als ich das bedachte, fing die Schüssel an zu reden:

Ist dir klar, dass dein Herz mir sehr gleicht? Auch in deinem Herzen treffen sich die beiden Welten: die suchende, barmherzige, rettende Hand deines Heilandes – und die gierige Hand der Welt, die nach Geld und Ehre und Macht gierig ist. Beide greifen nach deinem Herzen.

So sagt die Schüssel. Und sie hat Recht. Das gehört ja auch zu unserer inneren Geschichte, dass diese beiden Hände nach uns greifen: die rettende Hand Jesu und die verderbliche Hand der Welt.

Als ich das begriffen hatte, fing die Schüssel wieder an zu reden: Es ist aber ein großer Unterschied zwischen dir und mir. Ich bin ein totes Ding und muss einfach alles über mich ergehen lassen. Dein Herz aber ist nicht tot. Und darum kannst du eingreifen in den Kampf der beiden Hände. Du kannst entscheiden, in welche Hand dein Herz sich geben will.

Ich will es noch einmal in anderen Worten sagen: Als Gott den Menschen schuf, wollte Er ein Wesen, das in völliger Freiheit willentlich Ihm gehörte. Der Mensch fiel – und entschied sich gegen Gott. Da sandte Gott Seinen Sohn, der die Sünde trug und alles heilen kann. Und damit sind wir von neuem und endgültig in die Entscheidung gestellt, ob wir willentlich und frei Gott gehören wollen. Welch eine Entscheidung!

Ein Bissen Brot

Joh. 13,26-27.30: Und Jesus tauchte den Bissen ein und gab ihn Judas, Simons Sohn, dem Ischariot. Und nach dem Bissen fuhr der Satan in ihn. Da er nun den Bissen genommen hatte, ging er alsbald hinaus. Und es war Nacht.

Kürzlich sah ich ein interessantes Schaubild. Oben drüber stand: »Was ein normaler Mann im Laufe eines Jahres verzehrt.« Ich bin richtig ein wenig erschrocken über die dargestellte Menge: ein großer Berg Kartoffeln, fast so hoch wie der Mann, der daneben abgebildet war. Leider habe ich vergessen, wie viel Pfund es waren. Und dann ein Brot, beinahe so groß wie ein Kleinauto. Und Gemüse und Fleisch – ein erstaunlicher Berg.

Unser Text spricht von Judas, dem Mann aus dem Dörflein Karioth. Nun, der war sicher – was das Essen angeht – ein normaler Durchschnittsmann. Er wird also auch jährlich ansehnliche Berge von Nahrungsmitteln konsumiert haben. Und darum ist so seltsam, dass ein kleines Brotstückchen in seinem Leben auf einmal eine so entscheidende Rolle spielte. Ein kleines Brotstückchen gab

den letzten Anstoß zu einem schrecklichen Weg.
Wenn – wie wir es seit Jahren in dieser Zeit tun – wir die »Gegenstände der Passion«, die toten Dinge, die in der Leidensgeschichte des Heilandes eine Rolle spielen, betrachten, dürfen wir dies Brotstückchen ja nicht vergessen.

Ein Bissen Brot

1. Er bedeutete Entlarvung

Wir kennen alle das bekannte Abendmahlsbild von Leonardo da Vinci. Da sitzt Jesus in der Mitte der langen Tafel. Eben hat Er den schrecklichen Satz gesagt: »Einer unter euch wird mich verraten.« Die Jünger sind erschrocken aufgefahren: »Herr, bin ich's?« Eine erregte Szene stellt der Maler dar. Und doch hat er eine gewisse Ordnung in die aufgeregte Versammlung gebracht. Die Jünger sind in Dreiergruppen geordnet.
Zur Rechten sitzen Petrus, Johannes und Judas. Ich glaube, der Maler hat das richtig gesehen. Nur so verstehen wir den biblischen Bericht über das, was jetzt geschah.
Petrus beugt sich zu Johannes und flüstert ihm zu: »Frage doch den Meister, wer ihn verrät.« Johannes beugt sich zu Jesus und fragt. Und

der antwortet, ohne dass es die anderen hören: »Der ist's, dem ich den Bissen eintauche und gebe.«

Es wird aus dem biblischen Bericht ganz deutlich, dass die anderen Jünger nichts davon vernommen haben.

Und nun bricht Jesus ein Stücklein Brot ab, taucht es in die Brühe und gibt es dem Judas in den Mund. Wie wird Er ihn dabei angesehen haben! In diesem Augenblick erkennt Judas: »Er weiß alles! Alles! Er weiß um meine heimlichen Gänge zu Seinen Feinden. Er weiß, dass ich Ihn nicht mehr lieb habe, sondern hasse. Er weiß meinen Verrat. Er weiß alles.« Judas sieht sich entlarvt.

Der auferstandene Herr Jesus hat einmal das Wort gesagt: »Ich bin bei euch alle Tage bis an der Welt Ende.« Es gibt keinen Christen, dem dies Wort nicht schon sehr tröstlich geworden ist. Aber haben wir auch schon einmal den fürchterlichen Ernst dieses Wortes erkannt? Dass wir unser Leben führen unter Seinen Augen?!

Ich las einmal eine kleine Novelle. In der wurde erzählt, wie in einem Land eine Selbstmordwelle unter führenden Leuten der Politik und Wirtschaft ausbrach. Und der Grund? Ein Spaßvogel hatte Briefe verschickt mit dem

Satz: »Ich weiß alles von Ihnen.« Nun, Jesus weiß wirklich alles von uns. Viel mehr, als wir selbst wissen. Die moderne Tiefenpsychologie hat gezeigt, welche uns selbst unbekannten Abgründe in uns liegen. Die Bibel weiß das und sagt: »Wer kann das Herz ergründen?« Und dann geht es weiter: »Ich, der Herr, kann das Herz ergründen!«

Vor Jesus sind wir entlarvt. Und weil der Sohn Gottes uns so bis ins Innerste hinein kennt, darum weiß er, dass keiner von uns vor Gott bestehen kann, dass niemand vor Gott gerecht wird aus seinen Werken. Und darum hat Er uns einen neuen Weg eröffnet, dass wir mit unseren verdorbenen Herzen doch Kinder Gottes werden können. Er ist für uns am Kreuz gestorben und lässt verkündigen: Hier ist Gnade für Menschen mit ihren dunklen Geheimnissen! Hier ist Gnade für Sünder! Wer an den gekreuzigten Sohn Gottes glaubt, der hat die Gerechtigkeit, die vor Gott gilt.

2. Das Stücklein Brot bedeutet Liebe

Den meisten Jüngern ist das gar nicht aufgefallen, als der Herr Jesus dem Judas ein Stück Brot in den Mund schob. Bei uns würde es allerdings einiges Erstaunen hervorrufen, wenn bei einem Gastmahl der Hausherr einen der

Gäste so primitiv füttern wollte. Wir haben es hier mit einer Sitte zu tun, die bis heute im Orient zu finden ist. Wenn ein Höhergestellter jemandem seine besondere Liebe und Verehrung bezeugen will, dann schiebt er ihm beim Gastmahl einen Bissen in den Mund.

Der Herr Jesus gibt also dem Judas gerade in dem Augenblick, wo Er ihm sagt: »Ich weiß alles von deinem Verrat!«, ein Zeichen Seiner Liebe.

Für den Judas war diese Geste des Heilandes ja in besonderer Weise mit dem Inhalt gefüllt. Als Er das Brotstück abbrach – musste da Judas nicht an die Stunde denken, da Jesus mit unendlichem Erbarmen den 5000 hungrigen Menschen das Brot brach – das Brot, das Judas dann auch austeilen durfte? Und als Jesus ihm das Brot reichte, fiel ihm sicher auch das Wort Jesu ein: »Ich bin das Brot des Lebens.«

Es wird aus den biblischen Berichten nicht ganz klar, ob Judas bei dem ersten heiligen Abendmahl dabei war. Ich bin überzeugt, dass er es miterlebte, als Jesus Seinen Jüngern das Brot brach und sagte: »Nehmet, esset, das ist mein Leib, der für euch gegeben wird.« Nun bekam er noch einmal ein Privatabendmahl aus Jesu Hand – er, dessen Herz an der Schwelle der großen Sünde stand.

Wir verstehen: Dieser Bissen war eine Offenbarung der Liebe Jesu, wie sie nicht größer gedacht werden kann.

Kennen wir diese Liebe? Haben wir die Schleusen aufgezogen, dass sie unser Leben erfüllen und überströmen kann? Dass doch unser Herz mit Tersteegen singen könnte: »Ich bete an die Macht der Liebe, / die sich in Jesus offenbart ...« Wie wirbt die göttliche Liebe in Jesus um unser Herz!

Aber gerade auf diesem Höhepunkt des Werbens Jesu sagt Judas innerlich: »Nein!« Da fuhr der Satan in ihn.

Es ist seltsam, dass die Bibel uns so wenig sagt über die Motive des Judas. Ich glaube aber, unser Textkapitel gibt uns eine Andeutung. Ehe Jesus sich mit Seinen Jüngern zu Tisch setzte, gab Er allen eine Demonstration Seiner demütigen Liebe: Er wusch ihnen allen die Füße. Und damit machte Er klar: Gottes Reich ist ein Reich der Liebe, ein Reich, wo man sich selbst aufgibt und liebt. So ist es mit Jesu Liebe, die wir empfangen dürfen, und so sollen wir sie weitergeben. Und dazu sagt Judas und sagt das moderne Herz: »Nein!« Es sagt: Ich will meine Welt, wo ich Recht habe, wo ich mich durchsetze, wo man das »Ich« leben lässt und nicht in den Tod geben muss.

3. Der Bissen Brot bedeutet einen Scheideweg

Jedes Menschenleben wird je und dann an einen Punkt geführt, wo endgültige Entscheidungen fallen, wo alles auf des Messers Schneide steht. Die alten Griechen haben das großartig dargestellt durch die Sage von Herkules: Der junge Mann sitzt bei seinen Herden und überlegt, wie sein Lebensweg verlaufen soll. Da sieht er zwei Frauengestalten sich ihm nahen, die eine schön, voll strahlender Reinheit – die andere verführerisch, üppig. Sie lockt: »Geh mit mir! Ich verspreche dir ein bequemes, reiches, glückliches Leben.« Die andere sagt: »Wenn du mit mir gehst, hast du Kampf und Not. Aber dein Leben wird den Menschen nützlich sein.« Welch eine Entscheidung!

Vor einer noch größeren stand nun Judas. Und vor solcher Entscheidung stehen wir je und dann. Da kann uns kein Mensch helfen. Judas! hier ruft die Liebe deines Heilandes. Judas! dort ruft die Welt und rufen Fleisch und Blut. Wem wirst du folgen?

Judas wählte. Er wählte seinen eigenen, unerlösten Weg. Mit zwei Sätzen nennt die Bibel die Folgen: »Da fuhr der Satan in ihn.« Hier müssen wir auf etwas Wichtiges achten: Die

Bibel sagt, dass Satan in der Luft herrscht. Unser Text deutet aber an: Wo Menschen »Nein!« sagen zu Jesus, nimmt Satan im Herzen Wohnung. Menschen, die nahe am Reich Gottes waren, werden beim Abfall besonders satanisch. – Das andere Wort: »Er ging hinaus. Und es war Nacht.« Wer das Licht der Welt nicht will, der muss in die Nacht, in die ewige Nacht.

Und nun ruft uns die Liebe Jesu. Merken wir, um was es geht! Wir haben nur ein einziges Leben!

Die Schwerter

Matth. 26,47.51-52: Siehe, da kam Judas und mit ihm eine große Schar mit Schwertern, von den Hohenpriestern und Ältesten ... Und einer von denen, die mit Jesus waren, zog sein Schwert ... Da sprach Jesus zu ihm: Stecke dein Schwert an seinen Ort.

In der vergangenen Woche habe ich etwas für mich sehr Bedrückendes erlebt. Ich habe den ersten jungen Mann aus unserem Jugendkreis verabschiedet, der Soldat werden muss. Vor meiner Seele standen die vielen, die ich einmal zum Militär verabschiedete. Die meisten sind nicht zurückgekommen. Das Herz blutet uns, wenn wir daran denken.

Nun geht dieses Verabschieden wieder an. Goethe sagt: »Die Menschheit schreitet immer fort, aber der Mensch bleibt immer derselbe.« Das Schwertgeklirr will nicht aufhören.

Erstaunlicherweise begegnet es uns sogar in der Leidensgeschichte des Herrn Jesus. Eine unheimliche Szene im Garten Gethsemane! Trübes Fackellicht erhellt den Schauplatz. Bewaffnete Scharen dringen auf Jesus ein. Die Schwerter blitzen. Aber auch im Jüngerkreis taucht ein Schwert auf. Schwerter rings um den Herrn Jesus! Was wird nun geschehen? Wird ein blutiges Geraufe entstehen? Wahrlich, diese Szene ist unserer Betrachtung wert.

Jesus und die Schwerter

1. Die Schwerter werden lächerlich

Es gibt in dieser nächtlichen Szene einen Augenblick, in dem der Herr Jesus ein wenig ironisch wird. Da steht Er vor diesem Haufen, der mit den Waffen fuchtelt, und sagt: »Ihr seid ausgegangen wie zu einem Mörder, mit Schwertern und mit Spießen, mich zu fangen.« Da merken diese wild gewordenen Horden endlich, dass der ganze Aufwand sehr überflüssig ist. Dieser Jesus lässt sich ja wie ein Lamm binden. Hier ist keine Gewalt nötig. Warum? Er will ja leiden. Er will ja ein Opfer werden. Er will ja wie ein wehrloses Lamm sein, weil Er »das Lamm Gottes ist, das der Welt Sünde trägt«.

Verlegen stecken sie ihre Schwerter ein. Sie begreifen dumpf: Mit Gewalt kommt man diesem Jesus überhaupt nicht bei, weil Er leiden will.

Aber da ist noch das andere Schwert, das Schwert in der Hand des Petrus. Er will das tun, was die Kirche, die sich gern auf ihn beruft, oft getan hat: Er will die Sache Jesu mit dem Schwert fördern. Aber da wird sein Herr und Heiland sehr ernst: »Stecke dein Schwert an seinen Ort!«

Und nun ist die Verlegenheit bei Petrus. Er muss lernen: Jesus wird nicht mit Gewalt und Macht und Schwert verteidigt. Warum nicht? Weil Er leiden will. Er will ja ein Opfer werden. Er will ja ein wehrloses Lamm sein, weil er »das Lamm Gottes ist, das der Welt Sünde trägt«.

Ich glaube, wir können uns die Verlegenheit und peinliche Ratlosigkeit bei den Feinden und den Freunden des Herrn Jesus gar nicht groß genug vorstellen. Sie denken doch wie alle Menschen, nämlich in den Kategorien von Macht und Gewalt. Man kann doch gar nicht anders denken, als dass Macht und Gewalt erstrebenswert sind. Wie anders dieser Jesus! Ganz beiläufig sagt Er: »Ich könnte den Vater bitten um mehr denn zwölf Legionen Engel.« Aber: Ich will machtlos sein. Ich will das Leiden.

Das ist etwas vollständig Neues, etwas Unerhörtes, vielleicht auch etwas Empörendes. Jedenfalls etwas Unfassbares. Jesus will leiden. Darum kann man mit dem Schwert nicht mehr gegen Ihn und nicht mehr für Ihn eintreten. Da werden die Schwerter nur lächerlich.

Aber – warum geht der Herr Jesus diesen seltsamen Weg?

2. Es geht Ihm um die Menschenseelen

Das wilde Waffengetöse vom Garten Gethsemane ist durch die Jahrtausende nicht verstummt. Nur dass aus den Schwertern Maschinengewehre, Handgranaten, Minen geworden sind. Und dann Atombomben, Raketen und Bakterien.

Und in all dem großen Getöse steht der arme, kleine Mensch – der Mensch mit seinem wilden Durst nach Leben, mit seinen herzbrechenden Enttäuschungen, mit seinem komischen Ehrgeiz, mit seiner hoffnungslosen Triebhaftigkeit, mit seiner Todesfurcht und mit seinem beladenen Gewissen. Das alles könnte ich zusammenfassen in dem einen: Heimweh nach dem Herzen Gottes.

Diesen Menschen – uns, ja uns! Dich und mich! – sieht der Heiland vor sich. Darum beteiligt Er sich nicht an dem allgemeinen Macht- und Schwerterkampf. Darum will Er leiden und sich kreuzigen lassen. Unüberhörbar sagt in unserem Text der Herr Jesus: »Ich will den Menschen helfen durch mein Kreuz!«

Ich könnte mir denken, dass jetzt jemand einwendet: »Wieso soll das Kreuz von Golgatha mir heute eine Hilfe und Errettung sein?« Darauf antwortete ich: »Wenn der Sohn Gottes dir so nachdrücklich sagt, dass im Kreuz deine Hilfe ist, dann solltest du zum mindesten dieses Kreuz sehr ernst nehmen. Und du solltest einmal hören auf das Zeugnis von Millionen Christen, welche bekennen: »Durch Jesu Wunden sind wir geheilt.«

Ich hörte kürzlich etwas sehr Interessantes: Ein berühmter Psychiater erklärte: »Ich schicke meine Patienten zu dem Pfarrer X in die Kirche.« »Warum gerade zu dem? Der ist doch gar kein bedeutender Redner.« Antwort: »Der predigt die Vergebung der Sünden. Und danach hungern die Menschen.«

Der Mann hat es erfasst, wo unsere tiefste Not liegt. Sollte wirklich jemand hier sein, der behauptet: »Ich brauche die Vergebung der Sünden nicht«? Nein! Das wagt keiner zu sagen. Wir brauchen sie nötiger als tägliches Brot. Nun, unter Jesu Kreuz fand ich dies Herrliche: »Der dir alle deine Sünden vergibt …« Da fielen Lasten von mir ab. Und damit war die Tür zu Gott aufgetan. Nun kann ich »Lieber Vater« zu Ihm sagen.

Und wo Vergebung der Sünden ist, da fallen alle die schrecklichen, quälenden Ketten. »Jesus ist kommen, nun springen die Bande, / Stricke des Todes, die reißen entzwei …«

Es sind so viele junge Menschen hier. Nicht wahr, ihr habt es verstanden, wenn ich vorhin sprach von dem wilden Durst nach Leben. Wollt ihr auch unter das Wort des Herrn fallen, der sagt: »Mich, die lebendige Quelle, verlassen sie und machen sich da und dort Zisternen, die doch kein Wasser geben«? Unter Jesu Kreuz erfährt man, was David so großartig rühmt: »Du schenkest mir voll ein.«

Seht, das alles nennt die Bibel Erlösung. Und um unsere Erlösung ging es dem Herrn Jesus. Darum hat Er die Schwerter beiseite geschoben, darum hat Er sich aus dem albernen Machtkampf der Welt herausgemacht. Darum ist Er für uns an das schreckliche Kreuz gegangen. Lasst uns doch das Bild festhalten, wie der Herr Jesus all die Angriffs- und Verteidigungsschwerter unterläuft und sich wie ein Lamm binden lässt! Und so lässt Er sich nach Golgatha schleppen. Wenn ich das ansehe, möchte ich niederfallen und dankbar bekennen: »Den König hat mein Herz gefunden. / Wo anders als auf Golgatha? / Da floss mein Heil aus seinen Wunden, / auch mich, auch mich erlöst er da …«

Aber da höre ich ein ernstes Wort, das Er mir sagt: »Wer mir nachfolgen will, der nehme sein Kreuz auf sich.« Gemeinde Jesu! Du hast deinen Heiland verleugnet, wenn du Gewalt und Macht und Ansehen suchst! Dein Weg geht unten durch, durch Verachtung, Spott, Kreuzigung und Sterben des alten Menschen. Nehmt es nicht so leicht!

Seltsamer Weg, den unser Heiland vorausgeht! Er wird der Welt immer ein Rätsel bleiben.

Aber nun muss ich zum Schluss doch noch etwas sagen.

3. Vom Schwert Jesu

Das ist ja so wundervoll, dass die Bibel uns nicht nur diesen leidenden Herrn zeigt. Sie spricht erstaunlicherweise auch davon, dass Jesus ein Schwert hat.

Da schaut der Johannes in der Offenbarung den lebendigen, erhöhten Herrn. Und was sieht er? »Aus seinem Munde ging ein scharfes, zweischneidiges Schwert.« Aus seinem Munde? Was ist damit gemeint? Dies Schwert ist Sein Wort. Wenn Jesus anfängt zu reden, dann überwindet Er mit Seinem Wort Seine Feinde. So hat Er den Paulus zu Boden geworfen. So hat Er viele von uns überwunden. Wir wissen zu reden von Seiner Gewalt.

Dies Wort vom Schwert, das aus Seinem Munde geht, kommt in der Bibel noch einmal vor. Ganz am Ende. Da sehen wir, wie Er in

Herrlichkeit wiederkommt. Und das Schwert aus Seinem Munde vernichtet Seine Feinde. Wir wissen um dies Schwert. Und darum singen wir: »Dass Jesus siegt, bleibt ewig ausgemacht ...«

Die Stangen

Matth. 26,47: Als Jesus noch redete, siehe, da kam Judas, der Zwölf einer, und mit ihm eine große Schar, mit Schwertern und mit Stangen, von den Hohenpriestern und Ältesten des Volks.

Die Oberschüler in meinem Jugendkreis lächeln manchmal über meinen Eifer, mit dem ich sie für Goethes »Faust« interessieren will. Ich bin in Frankfurt groß geworden, das von Goethe-Erinnerungen wimmelt. So kam ich schon als Schüler an diese gewaltige Tragödie, die das Denken des gebildeten Bürgertums geprägt hat.
Goethe hat die Gestalt des Doktor Faust nicht neu erfunden. Er fand sie vor in alten Sagen und Volksspielen. Von einem solchen »Urfaust« fand ich kürzlich einen interessanten Bericht. In diesem Volksspiel beschwört der Faust böse Geister. Da erscheint auch das Teufelchen Vitzli-Putzli. Es wird von Faust gefragt, ob es nie Sehnsucht nach der ewigen Seligkeit verspüre. Darauf antwortet der Dämon: »Wenn eine Leiter von der Hölle zum Himmel hinaufführte und ihre Sprossen wären lauter scharfe Schermesser – ich würde sie sofort er-

klimmen, und wenn ich in Stücke zerschnitten hinaufgelangen sollte.«

Das ist ergreifend! Und herrlich ist es, dass es eine solche Leiter gibt, die in den Himmel führt. Sie besteht nicht aus Schermessern. Sie ist gut zu besteigen. Diese Leiter ist Jesus, der Gekreuzigte.

Darum können wir gar nicht genug reden von dem Leiden Jesu.

Wir haben uns diesmal einen seltsamen Weg gewählt, in das Verständnis der Passion einzudringen. Wir wollen von den toten Gegenständen der Leidensgeschichte sprechen. Und da sollen uns heute die Stangen beschäftigen, mit denen die Häscher Jesu in den Garten Gethsemane eindrangen, als sie den Sohn Gottes verhafteten.

Die Stangen der Kriegsknechte

1. Waren es wirklich Stangen?

Im Text steht: »Siehe, da kam eine große Schar mit Schwertern und mit Stangen ...« Da ist die Rede von zweierlei Männern. Die mit den Schwertern – das waren sicher richtige Soldaten. Aber mit ihnen kamen zusammengerufene Knechte des Hohenpriesters. Und sie trugen »Stangen«. Was denn für Stangen? Wir kennen

Bohnenstangen, Gardinenstangen ... Aber davon kann doch kaum die Rede sein. Ich fragte jemanden: »Was waren das für Stangen?« Er antwortete: »Das waren doch sicher Spieße.« Aber – warum heißt es denn hier nicht Spieße? Ich las die Stelle im griechischen Text nach. Da steht das Wort »Xylos«. Das bedeutet »Holz«. Mit Hölzern also kamen diese Männer angesprungen. Das heißt: mit Knüppeln. Das ist erschütternd. Da sendet Gott Seinen Sohn. »So sehr hat Gott die Welt geliebt, dass er seinen eingeborenen Sohn gab.« Der Mensch aber geht gegen diese ewige Liebe an mit Knüppeln. Verkehrte Herzen! Aber ich bin mit dem »Xylos«, das Luther mit Stangen übersetzt, noch nicht fertig. Es kam mir seltsam vor, dass dies Wort hier steht. Ich forschte ihm nach und machte die Entdeckung, dass es in der griechischen Bibelübersetzung vorkommt an zwei bedeutsamen Stellen. Xylos heißt auch »Baum« und wird gebraucht von dem Baum, der im Paradies stand – dem Baum, von dem Adam und Eva aßen gegen Gottes Gebot. Es ist, als wolle der Text sagen: Von diesem Baum der Sünde tragen sie Knüppel. Von diesem Baum der Sünde kommt der Mensch nicht los. Mit diesem Baum geht er gegen den Sohn Gottes an. Und dann kommt das Wort Xylos noch einmal vor: Es heißt Pfahl, Galgen, Kreuz. An einem Xylos hat Mose die eherne Schlange aufgehängt. Man könnte also unseren Text so übersetzen: »Sie kamen mit dem Kreuz.« Das ist der geheime Sinn. Wie sollen wir das verstehen? Sie kamen, um Ihn zu kreuzigen? Ich glaube, wir müssen es tiefer verstehen. Diese Männer, blind für den Sohn Gottes, kommen nicht los von dem schrecklichen Baum der Sünde. Aber ihr Herz schreit nach dem anderen Baum, nach dem Kreuz, von welchem Freiheit, Erlösung und Friede kommen.

In diesen wilden Männern vom Garten Gethsemane sehen wir das Bild des Menschen, wie er zu allen Zeiten ist: blind für die Offenbarung Gottes, im Herzen gebunden an jenen unseligen Baum der Sünde und des Ungehorsams. Und tief im Herzen die Sehnsucht: Heiland, komm! Stirb für uns! Errette uns und befreie uns!

Aber nun kehren wir zurück zum Garten Gethsemane. Da steht die Knüppelgarde. Und ihnen gegenüber – Jesus.

2. Zwei Welten stehen sich gegenüber

Da ist die Welt der Knüppelmänner. Die alten Maler haben diese Männer, die Jesus gefangennahmen, sehr abstoßend gemalt. Ich meine, sie hätten diesen Leuten unsere Gesichter geben sollen. Denn das ist ja unsere Welt, die Welt der Gewalt – die Welt, wo man sich brutal durchsetzt. Als ich noch Soldat war, stand auf unseren Kanonen: »Ultima ratio regis«, d. h. »Das letzte Mittel des Königs«. Da sah ich die modernen Knüppel. Sie werden immer großartiger: Raketen und Wasserstoffbomben. Das ist die Welt ohne Gott und gegen Gott.

Aber sprechen wir doch von uns persönlich. Wir sind zivilisiert. Wir tragen die Knüppel nicht so offen. Wir machen es feiner. Wie können wir doch mit übler Nachrede Menschen erschlagen, die uns nicht passen! Wie gewandt sind wir, wenn es gilt, andere an die Wand zu drängen und uns nach vorn zu spielen! Es ist unsere furchtbare Welt, die von diesen Knüppelmännern dargestellt wird.

Und ihnen gegenüber steht der Sohn Gottes. Mit Ihm ist das herrliche Reich Gottes gekommen. Darum ist hier alles anders. Willig lässt Er sich binden. Er will ja sterben – sterben auch für diese wilden Männer. Er sieht ja ihre Not, wie sie gebunden sind an die Sünde und an sich selbst. Nun will Er sie loskaufen. Seht, bei Jesus regiert die Liebe. Nicht der Knüppel, sondern die Liebe! Die Bibel berichtet eine kleine, typische Szene: Petrus haut mit dem Schwert drein und schlägt einem Mann das Ohr ab. Und Jesus? Ehe Er sich fesseln lässt, heilt Er diesen Menschen. Wer Jesus hier ansieht, der versteht den Vers: »Liebe, lauter Liebe / ist's, die mich umfängt; / ach, und eine Liebe, / wie kein Mensch es denkt.«

Zieht uns diese Liebe des Sohnes Gottes nicht an? Möchten wir nicht so geliebt und von Ihm erlöst werden? Gut! Aber dann müssen wir auch ganz und gar auf Seine Seite treten. Dann müssen wir unsere Knüppel wegwerfen und Menschen der Liebe werden. Dann will Jesus mit Seiner Liebe und mit Seiner Leidensbereitschaft in uns wohnen. Es gibt im Neuen Testament ein Wort, das mich immer sehr bewegt hat, weil es zeigt, was das bedeutet. In der Gemeinde in Korinth hatten einige Leute Krach miteinander. Ihnen schreibt der Apostel: »Warum lasst ihr euch nicht lieber Unrecht tun? Warum lasst ihr euch nicht lieber übervorteilen?« Das ist groß! Lasst uns unseren Platz richtig wählen!

3. Die unnützen Knüppel

Ich kann mir vorstellen, wie an dem Abend durch den Palast des Hohenpriesters gerufen wurde: »Alle zusammenkommen!« Und dann kamen sie alle. Und sie hörten: »Ihr sollt mit,

Jesus fangen. Es kann gefährlich werden. Er hat viele Anhänger und eine große Gewalt. Bewaffnet euch, so gut ihr könnt.« Da nahmen sie Knüppel und Prügel, wo sie sie fanden, und zogen los.

Aber als nun Jesus ihnen im Garten Gethsemane die Hände hinstreckte, damit sie Ihn binden konnten, kamen sie sich doch ein wenig albern vor. Man brauchte ja gar keine Knüppel. Er war zum Leiden bereit. Die Knüppel waren ganz und gar überflüssig.

Das heißt – wenn es nach Petrus gegangen wäre, dann hätte man sie gebraucht. Denn der schlug gleich mit dem Schwert drein. Aber es ging nicht nach Petrus, sondern nach Jesus. Und da konnte man seine Knüppel getrost wegwerfen.

Wie zeigt sich Jesus hier als »Friedensfürst«! So wird Er in der Bibel genannt. Und so dürfen wir Ihn kennen lernen. Wenn Er einmal wiederkommen wird, dann wird Er ein wunderbares Friedensreich aufbauen. Und jetzt schon hat Er damit begonnen. Als ich mich zu Jesus bekehrte, bekam ich als Erstes Frieden mit Gott. Denn Jesus hat alles weggetragen, was zwischen Gott und mir stand. Dafür ist Er gestorben. Und dann schenkte Er mir Frieden ins Herz.

Wenn Jesus in Familien und Häuser kommt, bringt Er Frieden. Hört Sein Wort: »Selig sind die Friedfertigen, denn sie werden Gottes Kinder heißen.« Schön ist es nicht dort, wo ein Mensch recht behalten hat. Schön ist es, wo Jesus Frieden gebracht hat.

Die Fackeln

Joh. 18,3: Da nun Judas zu sich genommen hatte die Schar und der Hohenpriester und Pharisäer Diener, kommt er dahin mit Fackeln, Lampen und mit Waffen.

Als Jugendpfarrer beobachte ich manchmal die kleinen Tragödien im Leben der Jungen. Eine traurige Sache, die ich immer wieder erlebe, ist die Geschichte mit der Taschenlampe: Da wünscht sich ein Junge zum Geburtstag brennend eine richtige große Stablampe. Und wenn er sie dann hat, entdeckt er, dass es heutzutage gar keine Verwendung mehr dafür gibt. Es brennen einfach zu viel Lampen in der Welt.

Das war vor 2000 Jahren anders. Als all die Männer, die den Herrn Jesus gefangennahmen, in den Garten Gethsemane eindrangen, war es dort so finster, dass sie froh waren an ihren Pechfackeln und Laternen. Ich habe im Geist dies erregende Bild oft vor mir gesehen, wie der Schein der Fackeln plötzlich das tiefe Nachtdunkel zerreißt – wie in dem blutroten Schein die Gesichter der Männer noch drohender, die Waffen noch fürchterlicher aussehen.

Je länger ich diese Pechfackeln betrachtete, desto mehr entdeckte ich, dass sie geradezu einen hintergründigen Sinn haben. Unter den Gegenständen, die bei der Leidensgeschichte Jesu eine Rolle spielen, sind sie von besonderer Bedeutung.

Die Pechfackeln von Gethsemane

1. Licht im Dienste der Finsternis

Stellt euch diese Szene vor: Im tiefen Dunkel hat Jesus gebetet und dann mit Seinen Jüngern geredet. Auf einmal wird es hell. Die Schar mit den Fackeln bricht herein. Und genau da sagt Jesus ein seltsames Wort, das in diesem Augenblick geradezu paradox ist: »Dies ist die Macht der Finsternis.«

Es heißt doch: Eure Fackeln machen die Welt nicht heller, sondern dunkler. – Licht kann also im Dienste der Finsternis stehen. Wenn der Herr Jesus von Finsternis spricht, dann redet Er allerdings bildlich. Gott ist Licht. Eine Welt ohne Gott ist in Dunkelheit. Ein Menschenleben ohne Gott ist sehr dunkel. Und der Teufel ist ganz und gar »Macht der Finsternis«.

»Euer Licht ist im Dienste der Finsternis«, sagt der Herr. Ich denke, dass Er dies auch sagen muss von vielen Neonlichtern, die unsere

Großstadtstraßen so hell leuchtend machen. Da gibt es viel Licht im Dienste der Finsternis.

Lasst uns diesen Gedanken einmal weiterverfolgen: An der Schwelle unseres technischen Zeitalters steht die Zeit der so genannten Aufklärung. Da pries man Vernunft und Verstand des Menschen als das große Licht und verachtete das Licht der göttlichen Offenbarung in der Bibel. Später begann das Zeitalter der Naturwissenschaft und Technik. Große Entdeckungen brachten viel, viel Licht. Wir drangen vor bis zur Kernphysik. Und das Ende? Die Menschheit zittert vor dem, was der menschliche Verstand erfunden hat. Das große Verstandeslicht wurde in den Dienst der Finsternis gestellt. Und es ist nicht auszusagen, wie viel Verstandeslicht in unserem Leben gerade im Dienste der Finsternis steht.

Ja, ich muss noch weitergehen. Das schönste Licht, das in einem Menschenherzen angezündet werden kann, ist das »helle Glaubenslicht«: dass ich Jesus am Kreuz erkenne als den, der mir meine Sünden vergibt. Denkt nur, sogar dies Licht wurde je und dann in den Dienst der Finsternis gestellt. Im Korintherbrief hören wir: Die Christen taten üble Dinge. Sie prozessierten untereinander. Es geschahen schlimme geschlechtliche Dinge. Und wenn man diese Christen fragte: »Wie könnt ihr das vereinbaren mit eurem Glauben?«, dann antworteten sie: »Jesus vergibt uns unsere Sünde.« Man gebrauchte die liebliche Botschaft von der Vergebung der Sünden, um – nun erst recht zu sündigen. Licht im Dienste der Finsternis.

Gott bewahre uns! Von den Kindern Gottes heißt es in der Bibel: »Sie wandeln im Licht.« Aber nun zurück zu unseren Fackeln im Garten Gethsemane!

2. Man braucht besseres Licht, um Jesus zu finden

Da hat sich also diese Schar aufgemacht, den Herrn Jesus zu fangen. Als sie hören, Er ist im Garten Gethsemane, meinen sie in ihrer Blindheit, Er wolle sich im Dunkeln verbergen. Und nun brennen sie die Fackeln an und nehmen Windlichter zur Hand. Und so suchen sie Jesus.

Finden sie Ihn? O ja, sehr schnell. Und doch – Finden und Finden ist ein Unterschied. Das will ich euch aufzeigen. Denkt an die Hirten der Weihnachtsgeschichte. Ihnen wurde gesagt: »Euch ist der Heiland geboren.« Und später heißt es: »Und sie fanden das Kindlein.« Sie fanden ihren Heiland, darum heißt es am

Schluss: »Sie priesen und lobten Gott.« Es gibt ein Lied, das so beginnt: »Juble, mein Herze, ich habe den Heiland gefunden ...«

Es war etwa 30 Jahre später. Da kam ein Mann aufgeregt zu seinem Bruder Simon und berichtete: »Wir haben den Messias gefunden« – und führte ihn zu Jesus.

Und nun denke ich an einen jungen Mann, der nach einer Evangelisation nach Hause kam und seinen Eltern schlicht erklärte: »Ich habe Jesus gefunden.«

Haben die Kriegsknechte im Garten Gethsemane den Herrn Jesus so gefunden? Haben sie Ihn gefunden als ihren Heiland, Erlöser und Erretter? O nein! Er blieb ihren Augen verborgen. Ihr Fackellicht genügte nicht, um Jesus richtig zu finden. Dazu braucht man ein besseres Licht, nämlich das Licht des Heiligen Geistes, der nicht die äußere Nacht erhellt, der vielmehr Licht bringt in die Nacht unserer Herzen und Gewissen.

Der Apostel Paulus sagt einmal den wichtigen Satz: »Niemand kann Jesus einen Herrn heißen ohne durch den heiligen Geist.«

Ich wünsche uns, dass der dunkle Garten Gethsemane unseres Herzens erleuchtet werde durch dies helle Geisteslicht. Dann finden wir Ihn, den unsere Seele sucht. »Du wertes Licht, gib uns deinen Schein, / lehr uns Jesum Christ kennen allein, / dass wir an ihm bleiben, dem treuen Heiland ...«

3. Lichtträger begegnen sich

Es ist eine unerhört bedeutungsvolle Szene, die sich hier abspielt: Da stehen diese dumpfen Männer mit ihren Fackeln. Ihnen gegenüber steht Jesus. Er hat keine Fackel. Er ist eine Fackel. Ja, mehr! Er ist »das Licht der Welt«. So hat Er selbst sich bezeichnet. Es stehen sich also zwei sehr verschiedene Lichtträger gegenüber. Sehen wir sie näher an!

Da sind die Männer mit ihrem Fackellicht. Man kann wirklich nicht behaupten, dass sie die Welt sehr viel heller gemacht hätten. Und so sind sie geradezu ein Symbol für uns Menschen, die es einfach nicht fertig bekommen, die Welt heller zu machen. Als in Deutschland die Freidenker, die Atheisten, aufkamen, trugen sie am Rockaufschlag ein Abzeichen, auf dem eine Faust zu sehen war, die eine Fackel trägt. Würdige Nachfolger jener Lichtbringer im Garten Gethsemane! Wer wollte sagen, dass ihr Fackellicht die Welt heller gemacht hätte? Und: Immer wieder haben sich die Verkündiger von Ideologien als Fackelträger gefühlt, die der Welt das Licht bringen. Haben sie etwa die Welt heller gemacht? Wer offene Augen hat, der sieht hinter all diesen Fackelträgern den einen, den Unheimlichen, den wir Luzifer nennen. Luzifer heißt: Lichtträger. Der Fürst der Finsternis, der sich Lichtträger nennt, hat die Welt immer weiter verdunkelt. Die Bibel bezeichnet das Ende unseres Äons als Mitternachtsstunde. Alle die menschlichen Ideologen und alle Fackelträger menschlichen Feuers führen uns in die dunkle Mitternacht.

Und nun steht dort im Garten Gethsemane der andere, der von sich sagt: »Ich bin das Licht der Welt.« Und wer Ihn kennt, der weiß: Er ist es! »In seinem Licht sehen wir das Licht«, sagt die Bibel. Es ist oft ein schmerzendes Licht. Es schmerzt mich, wenn ich in Seinem Licht mich selbst sehe mit meinem bösen Herzen und mit all meinem Versagen und meinen Sünden.

Aber ich sehe in Seinem Licht auch die Liebe Gottes, die mich sucht und rettet. Ich verstehe in Seinem Licht Sein Kreuz. Hier darf ich beichten, Sünde bekennen und loswerden. Ich sehe in Seinem Licht Ihn, den Auferstandenen, meinen Heiland, Freund und Erretter. Und ich erlebe es: Wo Er hinkommt, da wird die Welt hell, neu und schöner. Christen wählen nicht Luzifer, sondern Jesus.

Das abgehauene Ohr

Luk. 22,50-51: Und einer aus ihnen schlug des Hohenpriesters Knecht und hieb ihm das rechte Ohr ab. Jesus aber antwortete und sprach: Lasst sie doch so machen! Und er rührte sein Ohr an und heilte ihn.

In einer einzigen Woche wurden 4 Menschen in Essen vom Verkehr getötet. 12.000 sollen in Agadir Opfer des Erdbebens geworden sein. 129 Männer kamen in einer Kohlengrube bei Zwickau um ... Kurz, diese Welt ist ein blutiges Schlachtfeld. Und da wollen wir heute von einem abgehauenen Ohr sprechen. Ist das nicht ziemlich abwegig?
Ohne Zweifel erscheint das ein bisschen verrückt. Aber bedenkt einmal Folgendes: In fünf Jahren wird sich kaum mehr jemand an die Katastrophen dieser Tage erinnern. Doch von dem abgehauenen Ohr im Garten Gethsemane wird man in hundert Jahren noch reden.
Merkt ihr was? Das abgehauene Ohr gehört in die Leidensgeschichte des Sohnes Gottes. Und alles, was da hineingehört, ist bedeutungsvoll. Darum sprechen wir in diesem Jahr von den »toten Gegenständen der Passion«. Ein abgehauenes Ohr gehört auch zu den toten Gegen-

ständen, so lebendig es auch vorher war, als es noch am Kopf des Malchus saß.

Was das abgeschlagene Ohr zu sagen hat

1. Menschen verwunden – Jesus heilt

Das war eine erregende nächtliche Szene, als die wilde Horde von Soldaten und allerlei Männer mit Knüppeln in den stillen dunklen Garten Gethsemane einbrachen, um den Herrn Jesus zu fangen. Der einzige Großartige ist der Petrus. Der zieht beherzt sein Schwert und haut drein. Ein junger Knecht des Hohenpriesters namens Malchus schreit auf – Blut spritzt, ein Ohr fliegt im hohen Bogen ins Gras. Ein großartiger Mann, dieser Petrus, dieser Held, dieser Apostelfürst! Und doch steht er nun auf einmal richtig dümmlich da, als Jesus ihm ärgerlich abwinkt. Ich sehe ihn vor mir, wie er erschrocken den Herrn Jesus ansieht, und seine Augen sagen: »Ich hab's doch gut gemeint. Ich wollte dich doch verteidigen.« Und Jesu Blick sagt ihm: »O Petrus, du kannst nur verletzen!« Empfindet ihr nicht auch, wie ähnlich wir jetzt dem Petrus sind? Wie oft haben wir es gut gemeint – ja, vielleicht haben wir sogar Jesus verteidigen wollen – und haben doch nur verletzt. Nicht gerade Köpfe, aber Herzen!

Seht nur den Petrus an! Wie oft ist es ihm so ergangen. Da hören wir in der Bibel, wie er einmal in großer Freiheit, die Jesus schenkt, mit Nichtjuden – mit Griechen – Gemeinschaft hatte. Aber als ein paar Leute auftauchten, denen das ärgerlich war, kannte er auf einmal seine früheren Freunde nicht mehr. Wie sehr wurden diese doch verletzt!

Und wie war es damals, nach der Auferstehung Jesu? Der Herr hatte ihm gerade seine üble Verleumdung vergeben. Nun fühlte er sich so bevorzugt, dass er ärgerlich und hochmütig auf den Johannes zeigte und fragte: »Was soll der denn hier?« Wie wurde da der Johannes verletzt!

Ja, so sind wir! Auch wenn wir es gut meinen, teilen wir Wunden aus. Wer das erkannt hat, der sehnt sich danach, dem Herrn Jesus ähnlicher zu werden. Dessen Herz schreit: »Herr, gestalte mich doch nach Dir!« Denn Jesus ist ganz anders.

Davon spricht das Ohr des Malchus. Während Petrus verwundet, heilt Jesus. »Er heilte ihn.« Da habt ihr das ganze Programm des Sohnes Gottes. Jesus heilt, was wir zerschlugen. Ich kenne Familien, die völlig zerstört waren. Und Jesus hat sie geheilt. Ich kenne Kranke, die Jesus wunderbar geheilt hat. Lest nur das Neue

Testament. Das ist ja ein Rühmen, wie Jesus heilt!

Er heilt sogar das Aller-Unheilbarste, das kein Mensch und kein Engel heilen kann: ein verwundetes Gewissen. Wie haben wir leichtsinnig unsere Gewissen verwundet mit Ungehorsam und Sünde! »Ich verzweifle, weil ich nicht bin, wie ich sein sollte«, sagte vor kurzem eine Frau zu mir. Es ist herrlich: Jesus heilt die verwundeten Gewissen – durch Vergebung der Sünden. »Das Blut Jesu Christi macht uns rein von aller Sünde.« »Er heilet meine Wunden / mit seinem Öl und Wein / und macht von allen Sünden / in seinem Blut mich rein.«

2. Menschen hassen – Jesus liebt

Welch eine Szene: Hasserfüllte Knüppelmänner! Der giftige Judas! Erregte Jünger! Jesus aber sieht nur den jungen Malchus, der sich wimmernd den blutenden Kopf hält. Er sieht wirklich nichts anderes. Und welch rührende Geste: Er heilt ihn. In einer dunklen Welt des Hasses leuchtet Jesu Barmherzigkeit wie ein Licht.

Auf einer Radfahrt in der Lüneburger Heide habe ich mich einmal verirrt. Ich vergesse nicht, wie froh ich war, als endlich in tiefer Nacht ein Licht aufleuchtete. So leuchtet die

Barmherzigkeit Jesu in die Dunkelheit unserer Hasswelt.

Stellt euch einmal vor: Aller Hass der Welt schlüge sich als Dunkelheit nieder. Wie dunkel würde es in Algier. Und an der Zonengrenze! Und in Parteizentralen! Und in vielen, vielen Häusern! Wahrscheinlich wären wir selbst in eine dicke Wolke gehüllt. Ja, ich fürchte, die ganze Welt würde zur Nacht.

Und mitten in der Nacht leuchtet ein Licht: Jesus, der den Malchus heilt. Jesus, der Seine Feinde liebt. Es war ein kurzer Weg von Gethsemane bis zum Hügel Golgatha. Dort leuchtet Jesu Liebe am mächtigsten, als Er für alle bezahlt und stirbt. In einem Lied heißt es: »Auch mich, auch mich erlöst er da, / für mich gab er sein Leben dar, / der ich von seinen Feinden war.«

Ich muss euch dies noch etwas tiefer zeigen. Es hat seine große Bedeutung, dass der Herr Jesus in der Passionsgeschichte geradezu eifersüchtig darüber gewacht hat, dass da kein anderes Blut fließt als nur das Seine. Er wehrt den Petrus energisch ab und heilt den Malchus. Warum liegt Ihm so viel daran, dass nur allein Sein Blut in dieser Sache fließt?

Seht, an diesem Tag hielt der heilige Gott Gericht über die Sünde der Welt. Und nun gab es nur zwei Möglichkeiten: Entweder wurden alle, alle – auch wir – verdammt, weil wir ja alle gesündigt haben – oder: der sündlose Sohn Gottes gibt sich zum Opfer, trägt aller Sünde auf das Kreuz, trägt an unserer Statt das gerechte und notwendige Gericht und versöhnt uns mit Seinem Blut und stirbt für uns, auf dass wir Frieden hätten.

Darum wehrt Jesus das Schwert des Petrus ab. Darum hellt Er den Malchus. Er will sagen: Jetzt bin ich dran und kein anderer. Jetzt fallt mit eurem Hass mir nicht in den Arm, wenn meine Liebe triumphieren, versöhnen und erlösen will.

Nun muss ich noch sagen: Wer diese Liebe erfährt, dem wird der Hass der Welt immer unerträglicher. Und er hat den einen großen Wunsch, mit seinem Leben das Licht der Liebe Jesu auszustrahlen.

3. »Nur ein Ohr!« sagen wir. Jesus sagt: »Ein Ohr!!«

Wenn im Krieg jemandem ein Ohr abgeschossen wurde, dann nannte man das einen »Heimatschuss«. »Nur ein Ohr – das ist doch nicht schlimm!« so denken wir.

Es gibt eine kleine Skizze von dem amerikanischen Dichter Thornton Wilder. Da tritt der

Malchus vor den Herrn und beschwert sich, dass die lächerliche Geschichte von seinem Ohr in der Christenheit immer wieder berichtet wird, und er bittet, der Herr möge das abstellen. Und der Herr antwortet ihm: »Sieh, über mich lachen sie doch auch. Da wirst du doch mit mir diesen Spott tragen.« Deutlicher kann es gar nicht gesagt werden: »Nur ein lächerliches Ohr! Warum solch ein Geschrei darum?!«

Aber der Herr Jesus denkt nicht so. Sorgfältig heilt Er das Ohr. Denn Ihm liegt viel, sehr viel gerade am Ohr. Lest nur einmal das Neue Testament! Wie oft kommt da das Wort vor: »Wer Ohren hat zu hören, der höre!« Da steht: »Der Glaube kommt aus der Predigt, die Predigt aus dem Wort Gottes.« Dazu braucht man Ohren. Der Apostel Paulus schildert die geistliche Erweckung eines Menschen mit den Worten: »Er wurde berufen mit einem heiligen Ruf.« Er hörte also.

Als der Herr dem Malchus das Ohr heilte, war dieses Tun wie eine Frage: »Warum habt ihr Ohren und hört mich doch nicht? Warum habt ihr Ohren und meine Rede geht nicht in euch ein?«

Wie schön ist der Christenstand im Propheten Jesaja geschildert! Dort heißt es: »Er öffnet mir alle Morgen das Ohr, dass ich höre wie ein Jünger.« Das wolle Er an uns tun! Im Grunde brauchen auch wir an uns das Malchus-Wunder.

Das nächtliche Feuer

Joh. 18,18: Es standen aber die Knechte und Diener und hatten ein Kohlenfeuer gemacht, denn es war kalt, und wärmten sich. Petrus aber stand bei ihnen und wärmte sich.

Jeder Junge hat schon einmal Feuerchen gemacht. Worin liegt eigentlich das Reizvolle des Feuers? Es ist unheimlich und lockend zugleich. Wir haben das alle schon empfunden, wenn wir ein brennendes Haus sahen: Es war schrecklich und doch auch bezaubernd und faszinierend.
Die alten Griechen haben diese Doppelart des Feuers durch eine seltsame Sage ausgedrückt. Sie erzählten: Das Feuer gehörte den Göttern. Aber der gewaltige Prometheus hat es ihnen gestohlen und zu den Menschen gebracht. Damit wurde ausgesprochen: Das Feuer ist göttlich. Aber es hängt ein Frevel daran.
Auch an dem Feuer, das in unserem Text vorkommt, wird der zwielichtige Charakter des Feuers offenbar. Eigentlich war es ja ein sehr harmloses Feuer. In der Nacht, als man den Herrn Jesus gefangen in den Palast des Hohenpriesters gebracht hatte, waren dort alle

Knechte und Sklaven alarmiert. Während drinnen im Palast Jesus verhört wurde, lungerten sie im Hof herum. Als die Nacht kühl wurde, steckten sie in einem Kohlenbecken ein Holzkohlenfeuer an, ähnlich wie es die Bauarbeiter heute noch haben. Ein harmloses Feuer! Und doch! – es beschäftigt uns noch nach 2000 Jahren. Es war eben

Ein seltsames Feuer

1. Es gehörte zum Herrn Jesus

Wenn Jesus nicht gewesen wäre, dann wäre dies Feuer nicht angefacht worden. So war dies Feuer ein Zeugnis für die Unruhe, die Jesus gebracht hat und heute noch bringt. Es ist ein Hinweis auf das Wort Jesu: »Ich bin gekommen, ein Feuer anzuzünden auf Erden. Und was wollte ich lieber, denn es brennete schon.«

In der Zeit der Jugendbewegung haben wir gern nächtliche Feuer entzündet. Dazu sangen wir den Vers: »Du hast in dieser armen Welt / ein Feuer angefacht, / und deine heilge Rechte hält / noch immer drüber Wacht. / O schür die Glut, dass Funken sprühn! / Lass auch in uns dein Feuer glühn …« Das Feuer spricht davon, dass Jesus Unruhe in die Nacht gebracht hat und heute noch Unruhe in die Nacht der Welt bringt. Ohne Jesus hätten die Knechte geschlafen. Da muss ich an eine Frau in einer württembergischen Stadt denken. Die hatte einen Evangelisationsvortrag gehört, in dem die Menschen aufgerufen wurden, das Heil Gottes in Jesus zu ergreifen. Am nächsten Tag traf die Frau die Pfarrfrau und erklärte empört: »Ich nehme abends immer eine leichte Schlafpille. Aber gestern nach dem Vortrag musste ich zwei Pillen nehmen, um schlafen zu können.« Ohne Jesus hätte sie ruhig geschlafen. Jesus aber hatte Unruhe in ihr Herz gebracht.

Wenn Jesus nicht gewesen wäre, hätte in einer bestimmten Nacht Josef, der Mann Marias, ruhig geschlafen. Aber nun weckte ihn der Engel des Herrn und befahl: »Flieh mit dem Kind nach Ägypten, denn Herodes steht ihm nach dem Leben.« So wurde Josef der erste, der um Jesu willen Ruhe und Heimat verlor.

Kennt ihr die Geschichte des Paulus? Ohne Jesus hätte Paulus in einer bestimmten Nacht ruhig geschlafen, nachdem er tagsüber gelehrte Fragen diskutiert hatte. Aber weil Jesus ihm erschienen war, lief er schlaflos in einer Stube in Damaskus auf und ab und schrie zu Gott, Er möge ihn doch vom ewigen Zorn erretten.

Wenn Jesus nicht lebte, wären Tausende von

Menschen noch im Schlaf der Sünde, die heute dankbar bekennen: Durch Ihn wurden wir vom Schlaf erweckt und zu einem neuen Leben geführt.

Ja, ohne Jesus wäre wahrscheinlich alle die Unruhe, die heute die Welt quält, gar nicht vorhanden. Aber nun wird die Welt durch apokalyptische Stürme reif für die Wiederkunft Jesu in Herrlichkeit.

Jesus ist der größte Beunruhiger der Herzen in der Welt. Davon zeugt das Feuer im Palast des Hohenpriesters.

2. Es war doch ein rechtes Teufelsfeuer

Dieses Kohlenfeuer der Knechte im Palast des Hohenpriesters beleuchtete die geistliche Niederlage des großen Jüngers Petrus. Ich bin überzeugt, dass Petrus dies Feuer sein Leben lang nicht vergessen hat.

Warum ging er denn an dies Feuer? Er war doch gewarnt. Als er nämlich in den Hof trat, erkannte ihn die Türhüterin und sagte spottend: »Bist du nicht ein Jesus-Jünger?« Da hatte Petrus nur gemurmelt: »Keine Rede!« – und war ins Dunkle des Hofs gelaufen.

Nun wusste er doch, was ihn an dem Feuer erwartete. Warum ging er denn hinzu? Es war, als wenn der Teufel persönlich in dem Feuer gewesen wäre. Der lockte und rief: »Komm doch her, Petrus! Sei doch nicht so ängstlich! Ihr Jesus-Leute habt ja Komplexe! Euer Meister hat doch gesagt, dass ihr das Salz der Erde seid. Nun gut! Das Salz gehört doch in die Suppe! Also mische dich getrost unter diese gottlosen Knechte!« Und als Petrus zögerte, da lockte es aus dem Feuer: »Komm, Petrus! Hier ist es schön warm. Und hier kannst du das Neueste über deinen Jesus erfahren. Komm her!«

Und Petrus kam – und verleugnete seinen Heiland und fiel und ward ein Spott der Menschen. Es brennen viele solche Teufelsfeuer in der Welt, bei denen Jesus-Jünger ihre Niederlagen erleben. Es sind meist gar nicht armselige Kohlenfeuer. Heutzutage sind es flammende Neonlichter, durch die der Teufel lockt und ruft: »Komm doch her! Du kannst doch nicht immer im Winkel bleiben. Hier sind die weltläufigen Leute. Hier kannst du viel Neues lernen und hören. Komm! Mische dich nur getrost unter meine Knechte!« Vielleicht hat Petrus an diese Szene gedacht, als er später im 2. Petrus-Brief schrieb: »Denn so sie entflohen sind dem Unflat der Welt durch die Erkenntnis des Herrn und Heilandes Jesu Christi, werden aber wiederum in denselben verflochten und überwunden, ist mit ihnen das Letzte ärger geworden denn das Erste.«

Ich werde nie vergessen, wie nach einem Evangelisationsvortrag in Berlin ein junger Mann zu mir kam, dem die Sünde im Gesicht geschrieben stand. Es war erschütternd, wie er erzählte: Er kam aus einem lebendigen christlichen Kreis einer kleinen Stadt. Als er zum ersten Mal allein in Berlin war, da lockten die tausend Lichter. Und er verleugnete seinen Herrn und verlor seinen Frieden.

Der Teufel hat viele lockende Feuer. Und wir bleiben nur bewahrt, wenn in unseren Herzen ein helleres Feuer brennt. Paulus nennt es uns: »Gott hat einen hellen Schein in unsere Herzen gegeben durch die Erkenntnis der Klarheit Gottes im Angesicht Jesu Christi.«

Wir hörten: Das Feuer in unserem Text hat einen zwielichtigen Charakter. Je länger ich es betrachtet habe, desto mehr schien es mir, als wenn ich in diesem Feuer doch das Angesicht Gottes sähe.

3. War am Ende doch Gott in diesem Feuer?

Schon einmal erschien Gott in einem Feuer. Das war, als Mose den Ruf Gottes empfing aus dem brennenden Dornbusch. Da war Gott im Feuer. Und ich glaube, Er war auch in diesem Feuer, zu dem Petrus trat.

Denn hier geschah etwas, was eigentlich nur

vor Gott möglich ist: Es wurde aufgedeckt, was im Herzen des Petrus war. Er hatte geglaubt, er sei ein ordentlicher und zuverlässiger Mann und ein treuer Jesus-Jünger. Ja, er hatte seinem Heiland versichert: »Wenn alle dich verlassen – ich nicht!«

Er kannte sein eigenes Herz nicht. Und nun, an diesem Feuer wurde es aufgedeckt. Und was kam da zutage? Sein Herz war böse, voll Furcht und Unglauben, voll Untreue und Lüge. Seht ihn nur, wie er sich verschwört: »Ich kenne diesen Jesus nicht.«

So ist es noch heute: Vor Gottes Angesicht wird der Grund unseres verlorenen Herzens aufgedeckt. Da wurde Petrus reif zum Verständnis des Kreuzes. Nun lernte er: Ein Kind Gottes werde ich niemals durch mich selbst, sondern nur durch die Gnade des Heilandes, der sterbend Sünder erkauft hat. Haben wir das schon richtig gelernt?

Es führt eine gerade Linie von diesem Kohlenfeuer zu dem Geistesfeuer, das am ersten Pfingsttag auf dem Haupt dieses Petrus flammt. Denn nur zerbrochene Sünder, die ihren verlorenen Zustand erkannt haben und die alles Heil am Kreuz Jesu finden, können voll Heiligen Geistes werden.

Das zerrissene Kleid

Matth. 26,65: Da zerriss der Hohepriester seine Kleider und sprach: Er hat Gott gelästert!

Als ich das zerrissene Gewand des Hohenpriesters ansah, drängte sich mir eine Jugenderinnerung auf.

Wir waren zu Hause acht Geschwister. Da kam es natürlich oft vor, dass bei unserem stürmischen Spielbetrieb ein Anzug zerrissen oder sonst etwas kaputtgemacht wurde. Das nahm meine Mutter nicht tragisch. Sie wollte, dass wir eine frohe Jugend hatten.

Manchmal allerdings (sie sprach mit uns schwäbisch) fragte sie: »Hoscht des mit Fleiß g'macht?« Das heißt: »Hast du das absichtlich gemacht?« Da konnte sie auch einmal sehr böse werden, wenn man »mit Fleiß« etwas anstellte. Ich höre geradezu ihre Stimme, wie sie ärgerlich sagt: »Mit hellem Fleiß d'Sach hi mache« (Mit Absicht die Sachen zerstören)!

In unserer Geschichte kommt ein kluger und gereifter Mann vor, der »mit hellem Fleiß« sein kostbares hohepriesterliches Gewand »hin macht«. Also nicht ein wilder Junge. Das ist seltsam. Das ist unsere Betrachtung wert.

Wir wollen das zerrissene Gewand zu uns sprechen lassen.

Das zerrissene Kleid sagt:

1. »Sieh, der Mann hat etwas begriffen!«

Die Geschichte spielt in der Nacht vor Jesu Kreuzigung. Man hat den verhafteten Jesus vor den Hohen Rat Israels zum Verhör gebracht. Doch dieses Verhör fördert nichts Rechtes zutage. Da packt den Hohenpriester die Ungeduld. Feierlich erhebt er sich. Und feierlich fragt er Jesus: »Ich beschwöre dich bei dem lebendigen Gott, dass du uns sagst, ob du der Sohn Gottes bist.«

Auge in Auge steht Jesus dem bedeutendsten Mann Israels gegenüber. Und nun sagt Er in die tiefe Stille hinein: »Ja, das bin ich! Und von nun an wird es geschehen, dass ich zur Rechten Gottes sitze. Und eines Tages werde ich wiederkommen in den Wolken des Himmels.«

Da packt der Hohepriester erregt in sein Gewand, reißt es in sinnlosem Entsetzen entzwei und schreit: »Welch eine Gotteslästerung! Todesurteil!«

Die Fetzen seines zerrissenen hohepriesterlichen Gewandes sprechen: »Seht, dieser Mann hat begriffen, dass Jesus etwas Ungeheueres gesagt hat von sich selbst.«

Er sagt sich: Wenn dieser Jesus Recht hat, dann kann meine Vernunft einpacken. Ist denn das nicht gegen alle Vernunft, dass Gott die Wand zerschlagen hat, die Seine Welt von der unsern trennt, und in diesem armen Gefesselten zu uns gekommen ist?!

Er sagt sich: Wenn dieser Jesus Recht hat, dann ist es mit allen Religionen zu Ende; denn dann ist Gott ja selbst gekommen, um uns zu suchen.

Er sagt sich: Wenn dieser Jesus Recht hat, dann sind der Kaiser in Rom und der Herodes und auch ich und alle Mächtigen der Erde nur noch auf Zeit geduldet; denn alle Macht – es ist zum Verrücktwerden – gehört diesem Mann in Ketten.

Er weiß: Jetzt gibt es nur zwei Möglichkeiten. Entweder man bringt diesen Jesus um – oder man fällt nieder und glaubt an Ihn.

Als später die ersten Christen die Botschaft von Jesus in die Welt trugen, haben die Menschen genauso empfunden: Man muss das mit Gewalt ausrotten als größten Wahnsinn – oder man muss diesem Jesus zufallen, so zufallen, dass man gern für Ihn stirbt.

Nun, und wie ist es heute? Heute entsetzt sich niemand über die Botschaft der Kirche. Niemand zerreißt sein Kleid. Man schläft höchstens ein bei der Predigt. Ich fürchte, wir haben aus einer gefährlichen Dynamitpatrone einen harmlosen Dauerlutscher gemacht.

Nun bitte ich euch: Seht euch das zerfetzte Gewand des Hohenpriesters an und begreift: Ihr müsst den Herrn Jesus in euren Herzen neu umbringen – oder ihr müsst Ihm zufallen und euch Ihm zu Eigen geben und Ihn anbeten.

Wenn unsere Predigt euch auch nicht aufrüttelt, dann lasst euch von dem zerrissenen Gewand sagen: Jesus ist das ganz große Zeichen Gottes, und vor Ihm sind wir in unerhörte Entscheidung gestellt.

2. »Der Mann streicht sich selber aus.«

»Da zerriss der Hohepriester seine Kleider.« Machen wir uns klar: Dabei hat es sich nicht um irgendeinen Straßenanzug gehandelt. Zerrissen wurde das Amtsgewand des höchsten Priesters, der in das Allerheiligste des Tempels ging, um dort mit Blut die Versöhnung der Sünder mit Gott zu vollziehen. Dieses Gewand wurde zerrissen. Dies Gewand, von dem Gott in 3.Mose 21,10 gesagt hat: »Wer Hoherpriester ist, auf dessen Haupt das Salböl gegossen ist, der soll seine Kleider nicht zerreißen.« Und nun tat er es doch!

Wisst ihr, wie mir das vorkommt? Als Junge habe ich mal eine Mathematik-Aufgabe falsch gemacht. Da nahm der Lehrer seinen Stift und strich die ganze Sache durch.

Das Zerreißen des Gewandes ist wie ein Strich durch das ganze Priestertum. Ja, ich habe mich gefragt, wie der Hohepriester das fertig brachte, ein starkes Gewand einfach zu zerreißen. Ich glaube, da hat Gott selbst mitgerissen und damit einen Strich gemacht durch das Priesteramt.

Wenn wir ernsthaft Kinder Gottes werden möchten, dann liegt alles daran, dass wir diesen Vorgang verstehen. Verstehen kann ihn allerdings nur der, welcher weiß: Wir haben Priester und Opfer und Versöhnung mit Gott sehr nötig. Der moderne oberflächliche Mensch sagt so: »Ich weiß wirklich nicht, ob ein Gott ist. Aber ab und zu habe ich doch fromme Schauer gefühlt. Und außerdem ist die Religion doch ganz nützlich, schon aus Opposition gegen die Kommunisten. Also will ich Gott gelten lassen.« Und nun ist er überzeugt, dass Gott darüber sehr vergnügt sei, dass man Ihn gelten lässt.

Nun, dieser moderne Mensch ist ein Narr. Wir brauchen Versöhnung mit Gott, weil wir Sünder sind. Wir brauchen dazu Priester und Opfer.

Aber nun kommt alles darauf an, dass wir die richtigen Priester und Opfer haben.

In unserem Text stehen sich zwei Priester gegenüber: der menschliche und der göttliche, Jesus. Ja, das ist eine atemberaubende Szene, wie sich da der alttestamentliche, menschliche und der neutestamentliche, göttliche Priester gegenüberstehen.

Und da wird das Gewand zerrissen. Das menschliche Priestertum wird durchgestrichen und abgetan. Das zerrissene Gewand weist uns nachdrücklich darauf hin: Jetzt gilt nur noch das Priestertum Jesu. Ja, Er ist unser Priester. Seht, wie Er nach Golgatha geht, um ein endgültiges Versöhnungsopfer darzubringen! Der Altar ist das Kreuz. Und das Lamm? Das ist Er selbst. »Siehe, da ist Gottes Lamm, welches der Welt Sünde wegträgt.«

In einer Zeit, in der menschliches Priestertum wieder mächtig nach den Seelen greift, ist es nötig zu wissen: In der Karfreitagnacht wurde alles menschliche Priestertum durchgestrichen und abgetan. Wir haben einen einzigen Priester: Jesus, den Sohn Gottes, der für uns starb.

3. »Mach's dem Hohenpriester nach!«

O dies schöne hohepriesterliche Gewand! Wie

oft war der Mann damit durch die Straßen Jerusalems gegangen! Und dabei war er überzeugt: Ich bin Gott und den Menschen wohlgefällig.

Sind wir nicht genau wie dieser Hohepriester? Sind wir nicht auch überzeugt, dass wir Gott wohlgefällig sind? Unsichtbar tragen wir so ein Prunkgewand. Die Bibel nennt das in ihrer besonderen Sprache: das Kleid der eigenen Gerechtigkeit.

Ich will euch sagen: Dies Kleid ist nur in unseren eigenen Augen schön. In Gottes Augen ist es – so sagt die Bibel – ein beschmutztes, unflätiges Kleid.

Zerreiße nur das Kleid der eigenen Gerechtigkeit! Und wenn du dann vor Gott arm und bloß und als verlorener Sünder dastehst, dann schenkt dir Jesus ein neues Gewand: die Gerechtigkeit aus Gnaden, die Er am Kreuz erworben hat.

Ich saß einmal mit einem alten Bruder im Herrn zusammen. Er war schwer krank. Nun rühmte ich ihn ein wenig, weil er als reicher Mann der Jugend ein eigenes Haus gebaut und viel für Gottes Reich getan hatte. Da sagte er auf einmal leise: »Hier kommt ein armer Sünder her, / der gern ums Lösgeld selig wär.« Seht, da erlebte ich es, wie ein Mann das Prunkkleid

der eigenen Gerechtigkeit zerriss und sich im Glauben kleidete in das Gewand der Gnade, in das Kleid, das Jesus schenkt. Und mit diesem Kleid nur kann man vor Gott stehen.
Selig, wer mit Jesaja sagen kann: »Ich freue mich im Herrn, und meine Seele ist fröhlich in meinem Gott; denn er hat mich angezogen mit Kleidern des Heils und mit dem Rock der Gerechtigkeit gekleidet.«

Der Hahn

Mark. 14,72: Und der Hahn krähte zum andernmal. Da gedachte Petrus an das Wort, das Jesus zu ihm sagte: Ehe der Hahn zweimal kräht, wirst du mich dreimal verleugnen. Und er hob an zu weinen.

Im Jahr 1452 ist der große Maler Stefan Lochner in Köln an der Pest gestorben. Kurz vorher hat er ein großes Bild vom Weltgericht vollendet. Da sieht man Christus über den Scharen der Verdammten und der Geretteten. Und dieser Christus ist umgeben von Engelscharen. Jeder der Engel trägt einen Gegenstand Seines Leidens: Der eine hält die Dornenkrone hoch, der andere die Martersäule, das Kreuz, die Geißeln, die Nägel.

So hat das Mittelalter gern den Herrn Jesus dargestellt – umgeben von den Gegenständen Seiner Passion. Man hielt also jeden einzelnen dieser Gegenstände für bedeutsam.

Das hat mich darauf gebracht, dass wir die Gegenstände der Passion in unseren Predigten betrachten wollen.

Heute ist nun etwas an der Reihe, was nicht eigentlich ein Gegenstand ist. Und doch gehört es in diese Reihe. Ich meine den Hahn.

Nun ist ja ein Hahn ein ziemlich lächerliches Tier. Er stolziert daher – so unendlich hochmütig. Und dabei kann er nicht mal Eier legen.

Wenn ich hochmütige Leute sehe, dann muss ich immer lächelnd denken: »Gockelhahn!«

Und dauernd verliert so ein Hahn seine lächerliche Würde, weil er hinter den Hennen herrennt. Er ist so richtig ein Abbild der triebgebundenen Menschen, die der Apostel Paulus schildert mit den drastischen Worten: »Der Unterleib ist ihr Gott.«

Und solch ein alberner, lächerlicher Hahn spielt eine nicht geringe Rolle in der Leidensgeschichte des Sohnes Gottes. Ja, er spielt eine solch bedeutsame Rolle, dass er auf vielen Kirchtürmen ein Denkmal bekommen hat. Da muss man doch fragen:

Wie kommt der Hahn in die Passionsgeschichte?

1. Er gehört wirklich nicht da hinein

Der Talmud ist eine Sammlung jüdischer Traditionen und Vorschriften. In diesem Talmud steht, dass man in der Innenstadt Jerusalems zur Zeit des Tempels keine Hühner halten durfte. Der Grund war wohl der: Weil Hühner und Hähne immerzu ihre Nahrung aus dem Boden kratzen, bestand die Gefahr, dass durch unreines Gewürm Opfer und geweihte Orte verunreinigt wurden.

Und nun krähte hier in der Nähe des hohenpriesterlichen Palastes ein Hahn. Der konnte sich nur in der danebenliegenden Burg Antonia befinden, wo die römische Besatzung lag. Die Römer kümmerten sich nicht um die Vorschriften. Sie wollten einfach frische Eier zum Frühstück.

So war dieser krähende Hahn ein Zeichen dafür, dass Israel, das Volk Gottes, unter fremden Herren stand. Nein! der Hahn gehörte nicht hierher. Sein Krähen verkündete allen: Gottes Volk steht unter fremden Mächten.

Krähen nicht auch im heutigen Volk Gottes so fremde Hähne? Ja, auch in unserem Leben? Dich hat Jesus, der Sohn Gottes, mit Seinem Sterben für Gott erkauft. Aber – gehört dein Leben wirklich Gott?

Wie viel fremde, falsche Mächte herrschen doch über uns! Da ist Menschenknechtschaft! Ichsucht! Blindes Hörigsein den ungeordneten Trieben! Wie herrscht auch über Kinder Gottes der Götze Mammon! Und Streit! Und Rechthaberei! Und wie die fremden Mächte alle heißen: Welt und Teufel und Tod.

Es gibt einen ergreifenden Gebetsvers von Gottfried Arnold: »Haben wir uns selbst gefangen / in der Lust und Eigenheit,/ ach, so lass uns nicht stets hangen / in dem Tod der Eitelkeit; / denn die Last treibt uns zu rufen, / alle flehen wir dich an: / Zeig doch nur die ersten Stufen / der gebrochnen Freiheitsbahn!«

Von dem krähenden Hahn der fremden Mächte gehen unsere Blicke zu dem leidenden Heiland, der dort im Palast des Hohenpriesters sich anschickt, die ersten Stufen der Freiheitsbahn zu brechen. »Liebe, zieh uns in dein Sterben, / lass mit dir gekreuzigt sein, / was dein Reich nicht kann ererben …«

2. Der Herr braucht ihn

»Wie kommt der Hahn in die Leidensgeschichte?« fragten wir. Und nun müssen wir antworten: Der Herr Jesus brauchte ihn. Er brauchte ihn, um Seinen lieben Jünger Petrus zurechtzubringen.

Es war ein paar Stunden vor diesem Hahnenkrähen. Tief in der Nacht. Traurig sagte Jesus zu Seinen Jüngern: »Heute Nacht werdet ihr alle irre an mir.« Da erschraken die Jünger. Aber Petrus regte sich auf. »Ja«, sagte er und zeigte auf seine Mitbrüder, »bei denen kann's schon so sein. Es ist ja kein Verlass auf die weichliche Gesellschaft. Aber auf mich, Herr, kannst du dich verlassen.«

Jesus antwortete ihm nur: »Ehe morgen früh der Hahn zweimal kräht, wirst du mich dreimal verleugnen.« Darauf hat der Petrus wild protestiert.

Und ein paar Stunden später ereignet sich die verwirrende Geschichte: Jesus ist gefangen und wird in der offenen Halle des hohenpriesterlichen Palastes verhört. Petrus sitzt draußen bei den Kriegsknechten. Da tippt ihn ein Mädel an und sagt lachend: »Du gehörst doch meines Wissens auch zu diesem komischen Propheten dort.« Ärgerlich wehrt Petrus ab. Nun mischen sich die andern ein. Immer wilder behauptet Petrus, er habe nichts mit Jesus zu tun. Er brüllt und verschwört sich. Da kräht der Hahn. Und da – da kommt Petrus zu sich. Und was sieht er? Welch ein Zusammenbruch, wenn ein Mensch zu sich kommt und sich selbst sieht! Da weint ein starker Mann! Dazu brauchte der Herr den Hahn, damit der Petrus sich selber kennen lernte.

Die Bibel ist voll mit Berichten darüber, wie Menschen ihr eigenes Herz, ihren verlorenen Zustand vor Gott und ihre Sünde kennen lernen. Da ist David, dem der Prophet Nathan sagt: »Du bist der Mann!« Jetzt sieht sich David im Licht Gottes. Und es bleibt nichts übrig von dem strahlenden König. Nur ein elender Ehebrecher und Mörder ist er.

Da ist der Paulus, ein frommer, gerechter und vorbildlicher junger Mann. Aber vor Damaskus kommt er zu sich. Und er sieht nichts mehr als einen Menschen, der im Ernst von sich selber sagt: »Ich bin der größte aller Sünder.«

Haben wir schon diese Stunde erlebt, wo der Hahn in unserem Leben krähte, wo unser eigenes Herz aufgedeckt wurde? Wo wir uns am Rand der Hölle sahen? »Wo die Träne rinnt um der Sünde Last«? Da bleibt dann nur der Mann Jesus übrig, der Mann, der dort nach Golgatha geht, das Kreuz trägt und darauf die Last unserer Schuld. In seinem Sündenelend lernt das Herz nach Gnade schreien und findet sie in Jesu Kreuz. Mir ist in den letzten Wochen ein Lied von dem Schwaben Hiller so lieb geworden: »Auf Gnade darf man trauen, man traut ihr ohne Reu,/ und wenn uns je will grauen, / so bleibt's: Der Herr ist treu.«

Doch nun noch einmal zurück zu unserm Hahn!

3. Er kündet den Tag an – für die ganze Welt

Der Hahn war sicher – wie alle Hähne – ein dummes Tier. Mit Recht ist er in einem römischen Suppentopf verschwunden – ohne eine Reliquie zu hinterlassen.

Und doch – welche Bedeutung hat sein Krä-

hen! Er hat so manches Mal den Tag angekündigt. Aber diesmal war es ein besonderer Tag, ein Tag, in dessen Licht wir heute noch leben.
Die Bibel sagt immer wieder: Seitdem Jesus am Kreuz gerufen hat: »Es ist vollbracht!«, ist für die Welt der Tag angebrochen. Jetzt gibt es unter diesem Kreuz Frieden mit Gott, volle Versöhnung, unendliche Gnade für Schuldige. Der Tag der Gnade ist angebrochen seit jenem Hahnenkrähen.
Allerdings – die Bibel sagt auch sehr deutlich: Die Welt merkt es nicht oder will es nicht merken. Wie die Eulen sich vor dem Tag verstecken, so versteckt sich der Mensch vor dem Gnadentag Gottes. »Sie lieben die Finsternis mehr als das Licht.«
Wo stehen wir?
Ich schließe mit einem Wort, das Paulus an die Gemeinde in Thessalonich schrieb. Möge es von uns gelten! »Wir sind nicht von der Nacht noch von der Finsternis. So lasst uns nun nicht schlafen wie die andern, sondern lasst uns wachen und nüchtern sein, angetan mit dem Panzer des Glaubens und der Liebe und mit dem Helm der Hoffnung zur Seligkeit. Denn Gott hat uns nicht gesetzt zum Zorn, sondern die Seligkeit zu besitzen durch unsern Herrn Jesus Christus.«

Die Fesseln

Matth. 27,2: Und sie banden Jesus, führten ihn hin und überantworteten ihn dem Landpfleger Pontius Pilatus.

Dauernd berichten die Zeitungen davon, dass wir bald bemannte Raketen in das Weltall schießen werden. Wir können das heute schon. Die Schwierigkeit besteht nur darin: Losfahren können die Raketen, aber das Heimkommen ist so schwer.

Das ist meistens so. Mit Pauken und Gloria sind 1942 deutsche Soldaten nach Russland marschiert. Das ging ganz leicht. Nur das Heimkommen war nachher schwierig. Für manche hat's mehr als 10 Jahre gedauert. Und viele kamen gar nicht mehr zurück.

So ist es auch im Geistlichen. Es ist sehr leicht, von Gott wegzulaufen. Es ist sehr einfach, der Vernunft und seinen Trieben zu folgen. Ja, es macht keine Schwierigkeit, schließlich endgültig in der Hölle zu enden.

Aber das Heimkommen! Das ist nicht so einfach. Es wäre geradezu unmöglich, wenn nicht Gott selbst die größten Schwierigkeiten auf sich genommen hätte. Damit wir heimkommen können, musste der Sohn Gottes am Kreuz sterben.

Das Leiden Jesu also geht uns sehr nahe an. Ich bete darum, dass die Betrachtung Seines Leidens einige von uns »nach Hause« bringe. Wir betrachten heute

Die Fesseln des Herrn Jesus

1. Die Predigt der Fesseln

Ja, wirklich, diese Stricke, mit denen Jesus gebunden wurde, halten uns eine wichtige Predigt. Sie hat allerdings nicht – wie meine Predigt – drei Teile, sondern nur zwei.

Die Fesseln Jesu sagen einmal: »Sieh doch, wie schrecklich die Welt ist, an die du dein Herz gehängt hast!«

Kürzlich sah ich in einer Zeitung das Bild eines jungen Mörders, der gefesselt vor Gericht geführt wurde. Als ich das junge Gesicht betrachtete, fiel mir all das ein, was die Bibel sagt über den Sündenfall. Wir leben nicht mehr in der Welt, wie Gott sie schuf. Der Mensch ist gefallen. Nun ist der Teufel »der Gott dieser Welt«. Und es regieren Selbstsucht und Lüge, Hass und Streit, Unkeuschheit und Geldgier. Dass es in der Welt Fesseln gibt, das sagt uns: Wir leben in einer gefallenen Welt.

Aber die Fesseln des Herrn Jesus sagen noch Schlimmeres. An den Händen eines Mörders sind die Fesseln berechtigt. Aber an Jesu Händen! Der war doch kein Mörder! Als Er einmal öffentlich fragte: »Wer kann mich einer Sünde zeihen?«, wusste niemand etwas vorzubringen gegen Ihn. Hier sind die Fesseln an den Händen eines Unschuldigen. Daran können wir merken, wie schrecklich die Welt aus der Hand Gottes gefallen ist, dass Macht und Gerechtigkeit oft gegeneinander sind. Ja, daran wird der Fall der Welt schauerlich offenbar, dass Mächtige ungestraft Unrecht tun können und Unschuldige in Gefängnissen sind. Immer wieder spricht die Bibel davon, dass die Mächtigen das Recht halten sollen. Aber – wie oft ist das Gegenteil der Fall. Und daran wird deutlich, wie satanisch diese Welt ist. Das bezeugen auch die Fesseln Jesu.

Und an eine solche Welt hängen wir unser Herz? Sollten wir nicht heimkommen? Sollten wir nicht uns bekehren zu Jesus, der uns heimkommen lässt zum Vaterherzen Gottes?!

Als Kind lernte ich ein Lied, das mich oft begleitet hat: »Ist's auch eine Freude, / Mensch geboren sein? / Darf ich mich auch heute / meines Lebens freun, / wo so viele Tränen, / so viel Angst und Not,/ so viel banges Sehnen, /

Schmerz und endlich Tod? / Ja, es wär zum Weinen, / wenn kein Heiland wär. / Aber sein Erscheinen / bracht den Himmel her.«

Doch die Predigt der Fesseln hat noch einen zweiten, wunderbar schönen Teil: Über allem, was zum Leiden Jesu gehört, steht: »Für mich!« Immer wieder bezeugt das die Bibel. Er wird arm, damit ich reich werde. Er stirbt, damit ich das ewige Leben habe. Er wird verwundet, damit ich geheilt werde.

Das gilt auch für die Fesseln. Er trägt Fesseln, damit ich von den Banden Satans frei werde. »Bande Satans« – das klingt so gewaltig. Aber – ich sehe wirklich überall solche Bande. Da wird einer dem Alkohol hörig, dort ein anderer einer Frau. Hier kann einer nicht mehr beten. Und dort regieren Hass und Streit. Der Dichter des 116. Psalms sagt: »Stricke des Todes hatten mich umfangen. Ich kam in Jammer und Not.« Nun, das kennen wir alle.

Jesus also trägt Fesseln, damit die unsrigen gesprengt werden. Sieh auf Jesus und gehe in die Freiheit! »Fühlst du dich noch gebunden, / entreiß dich nur beherzt! / Das Lamm hat überwunden, / was deine Seele schmerzt ...«

2. Der Unsinn der Fesseln

»Sie banden Jesus.« Sie banden den Mann, der

die Hand ausstreckte – und das wilde Meer ward ruhig. Sie banden den Mann, der dem schrecklichen Tod den Lazarus entrissen hat. Welch ein Unsinn! Als wenn man Jesus binden könnte!

Im 2. Psalm lesen wir, dass Gott uns mit starken Stricken festhält. Und da wird erzählt, wie die Menschen der Welt sagen: »Lasst uns zerreißen Gottes Bindungen!« Aber – so geht es in dem Psalm weiter – »der im Himmel sitzt, lacht ihrer, und der Herr spottet ihrer«. Gott lacht uns aus, wenn wir Seine Stricke zerreißen wollen. Und da wollen Menschen den geoffenbarten Gott binden?! Welch ein Unsinn!

Im Alten Testament wird die Geschichte von dem Gesalbten Gottes, dem starken Simson, berichtet. Der wurde einst auch gebunden. Aber als er das Freudengeschrei der Feinde Gottes hörte, kam der Geist des Herrn über ihn, und er zerriss die Fesseln, als wären es versengte Fäden.

Meint ihr nicht, dass dasselbe für Jesus etwas Geringes wäre? Die Fesseln Jesu zeigen uns, wie sehr sich der Mensch über die Macht unsres Heilandes täuscht. Bis zum heutigen Tag. Aber – warum in aller Welt zerreißt Er denn die Fesseln nicht und wirft den Feinden die Fetzen vor die Füße? Warum nicht? Er will sterben. Er will leiden – für uns! Auch hier gibt es nur eine einzige Antwort: »Für uns!«

Man kann dies alles nicht verstehen, wenn man nicht das gewaltige Kapitel in der Bibel liest, das alles erklärt: Jesaja 53. Da heißt es – und unser Text zeigt es: »Er tat seinen Mund nicht auf wie ein Lamm, das zur Schlachtbank geführt wird.« Und dann: »Er ist um unsrer Missetat willen verwundet und um unserer Sünde willen zerschlagen. Die Strafe liegt auf ihm, auf dass wir Frieden hätten.«

Jesus duldet die Fesseln, weil Er nur ein einziges Ziel vor Augen hat: das Kreuz. Und wer kann die Herrlichkeit dieses Kreuzes genug preisen! Die Bibel hat viele Bilder dafür: Hier werden wir losgekauft. Hier opfert der große Hohepriester das Versöhnungsopfer. Hier ist »Gottes Lamm, das der Welt Sünde wegträgt«. Hier bezahlt der reiche Heiland für meine Schuld.

Dass Jesus die Fesseln willig ertrug, zeigt Seinen entschlossenen Willen, dich und mich zum Kind Gottes zu machen. »Herr, lass deine Todespein / an mir nicht verloren sein.«

3. Die Schönheit der Fesseln

Ja, sie haben eine verborgene Schönheit, diese bösen und albernen Stricke. Sie sind ein Hinweis auf die Fesseln, mit denen ein gläubiges Herz den Heiland an sich bindet.

»Du sollst uns nicht entkommen!« sagten die Knechte, als sie Jesus banden. Und ebenso sagt ein gläubiges Herz: »Ach Herr! Du darfst mir nicht weggehen!« Ein gläubiges Herz kennt nur eine einzige Angst, nämlich die, dass Jesus aus dem Leben weggehen könnte. Und da hat es auch Stricke bereit, mit denen es den Herrn Jesus fest an sich bindet.

Ich bin sehr froh, dass ich die Stricke kenne, mit denen ich meinen Heiland festhalten kann. Soll ich sie euch nennen?

Ein richtiger Strick ist aus mehreren Stricken zusammengedreht. Der Strick, mit dem ich den Heiland an mich binde, ist auch so ein zusammengedrehtes Seil.

Eins heißt: ein zerbrochenes Herz. »Der Herr ist nahe denen, die zerbrochenen Herzens sind.« Als Petrus über sich selbst weinte, da band er Jesus an sich mit unlösbaren Banden. Denn wo ein Herz über sich selbst weint, kann der Heiland nicht gehen.

Und der andere Strick heißt: völliges Vertrauen. Wie hat das kanaanäische Weib den Heiland gebunden mit ihrem ganz großen Vertrauen! Die Bibel weiß viel zu sagen von zerbrochenen Herzen, die mit vollem Vertrauen

zu Jesus kamen und Ihn so banden: die Sünderin und Petrus und der Schächer.
Und da wollen wir doch auch dabei sein!

Der Spott-Mantel

Luk. 23,11. Aber Herodes mit seinem Hofgesinde verachtete und verspottete Jesus, legte ihm ein weißes Kleid an und sandte ihn wieder zu Pilatus.

Vor einiger Zeit war ich zu Vorträgen in Straßburg. An einem freien Nachmittag schaute ich mir die schöne und interessante Stadt an. Ich ging an dem Gebäudekomplex des Europa-Rats vorbei: moderne Gebäude, vor denen die Fahnen aller europäischen Länder flattern! Und kurz nachher tauchte ich in eine ganz andersartige Welt ein. Da stand ich in der alten Kirche »St. Pierre le Jeune«, an der seit dem Jahr 1000 viele Generationen gebaut haben.

Die Küsterin war eine originelle Person. »Bei mir können Sie den Europa-Rat sehen«, sagte sie, »nicht wie er ist, sondern wie er sein sollte.« Und damit führte sie mich vor eine Wandmalerei aus dem 13. Jahrhundert. Da sind die europäischen Länder dargestellt als Reiter. Jeder trägt die Fahne mit dem Namen seines Landes. Und alle reiten auf das Kreuz Jesu zu, unter dem steht: »Ave Crux, unica spes – O Kreuz, du einzige Chance!« »Oft kommen die Herren vom Rat«, berichtete die Küsterin, »dann erkläre ich ihnen, wie der Europa-Rat hier eine klare Weisung bekommt.«

Ein kluges Urteil einer einfachen Frau.

Der bekannte Schriftsteller August Winnig sagt in seinem Buch »Europa«: »Europas Ursprung ist das Bekenntnis zum Kreuz. Dies Bekenntnis schuf den geistigen Raum, in dem die Vielheit der Völker zur Einheit verwandelt wurde.«

Wir tun also etwas sehr Aktuelles, wenn wir uns mit dem Kreuz und dem Leiden des Herrn Jesu beschäftigen. Zu diesem Leiden gehörte auch Seine Verspottung vor dem König Herodes, bei der Ihm ein königlich weißer Mantel zum Hohn umgehängt wurde.

Der weiße Spott-Mantel

1. Der Verspottete

Am Morgen des Karfreitag haben die Hohenpriester Jesus zum Pilatus geschleppt. Dieser hohe römische Beamte kam in Verlegenheit. Er wusste nichts anzufangen mit solch einem Angeklagten. Darum schickte er Ihn zu dem König Herodes. Die Bibel erzählt: »Der verspottete ihn mit seinem Hofgesinde und legte ihm ein weißes Kleid an.« Ich höre förmlich diesen Herodes wiehernd lachen: »So, so! Ein König bist du?! Ja, dann fehlt dir halt nur noch ein recht königliches Gewand!« Und dann winkte er. Und ein alberner Höfling legt Jesus einen weißen Mantel um die Schultern.

Man könnte die Passion Jesu unter dem Gesichtspunkt der Verkleidungen ansehen. In wenigen Stunden hat Er vier verschiedene Gewänder bekommen. Sein eigenes Gewand trug Er auf dem Weg nach Golgatha. Einen roten Mantel legten Ihm die Soldaten um. Am Kreuz war Er nur mit dem Lendentuch bedeckt. Und Herodes gab Ihm den weißen Umhang.

Ein Sprichwort sagt: »Kleider machen Leute.« Das ist wahr. In einer feinen Kluft kommt man sich gleich anders vor als in Arbeitskleidung. Kürzlich sah ich ein Bild von einem Prozess, in dem ein ehemaliger General auftrat. »Es ist doch ein Unterschied«, musste ich denken, »ob so ein Mann im Prunk seiner Uniform erscheint oder ob er als schlichter Zivilist dastehen muss.« Kleider verwandeln uns.

Nur bei Jesus ist es anders. Das wird in der Leidensgeschichte so deutlich: Ob Er nackt ist oder den Spottmantel trägt – Er ist immer derselbe. Sein Gewand ist belanglos. Da versteht man, dass die Bibel sagt: Jesus ist der wahre Mensch, der neue Adam, die wirkliche Persönlichkeit.

So steht Er nun, der Sohn Gottes, vor Herodes in dem Spottgewand. Ich habe mich gefragt: Warum reizt eigentlich Jesus so zum Spott? Bis zu diesem Tag! Man nimmt in der Welt jeden ernst, auch wenn er den größten Unsinn verzapft. Aber bei dem Namen Jesus verziehen sich die Mienen zum Spott. Warum eigentlich? Ich denke, das liegt an dem Gegensatz zwischen Jesu Aussagen und dem Augenschein. Jesus macht sehr große Aussagen von sich selbst, z. B.: »Mir ist gegeben alle Gewalt.« Und dabei sieht es dauernd so aus, als sei Jesu Sache am Untergehen. Oder Er sagt: »Kommet her zu mir alle ... ich will euch erquicken.« Und während Er das sagt, steht Er mit leeren Händen da. Er sagt: »Ohne mich könnt ihr nichts tun.« Und die Welt wird doch ganz gut fertig ohne Ihn. Dieser Gegensatz reizt einfach zum Spott. Und dies ist nun das Eigentümliche des Glaubens: dass uns auf einmal aufgeht wie ein helles Licht: Seine Worte sind wahr! Sie stimmen! Er hat wirklich alle Macht! Und Er allein kann erquicken! Und ohne Ihn gehen wir kaputt!

So gibt es Jesus gegenüber nur Spott oder die Erleuchtung des Glaubens.

2. Der Spötter

Der weiße Mantel war ein spottendes Geschenk des Königs Herodes. Er lohnt sich, den Spender des Hohngewandes näher anzusehen. Es wird uns berichtet: Als der Herodes die Nachricht bekam: Jesus wird zu dir gebracht! – da freute er sich. »Er hätte ihn längst gern gesehen, denn er hatte viel von ihm gehört.« Er hatte also eine gewisse Bereitschaft und Offenheit für den Herrn Jesus.

Aber nun geschieht etwas Unheimliches: Jesus antwortet ihm kein Wort. Jesus geht auf des Herodes Bereitschaft in keiner Weise ein. Ob Herodes etwas fragt, ob er spottet oder ernst ist – das berührt den Herrn Jesus nicht mehr, als wenn ein Windhauch vorüberweht.

Der großmächtige König ist abgeschrieben! Der Sohn Gottes hat ihn abgetan. Es ist grausig! Warum ist das so?

Ich will versuchen, es zu erklären: Herodes hat schon einmal einen bedeutenden Boten Gottes in seiner Gewalt gehabt: Johannes den Täufer. Wir lesen in der Bibel: Herodes hatte den Johannes ins Gefängnis geworfen. Aber – nun wörtlich – »er fürchtete Johannes, denn er wusste, dass er ein heiliger Mann war, und verwahrte ihn und gehorchte ihm in vielen Sachen und hörte ihn gern«.

Oft ist der König in die Zelle des Johannes gekommen und hat sich mit ihm unterhalten. Da war er nicht ferne vom Reich Gottes. Da sah er seine Sünden deutlich. Und er wusste, dass er umkehren und Buße tun sollte. Aber – er kam nicht weiter. Und am Ende hat er den Johannes hingerichtet.

Er ist der typische Fall von jenen Leuten, die nicht ferne sind vom Reich Gottes, die große Sympathien haben für den Herrn Jesus, bei denen eine stille Sehnsucht nach einem Leben aus Gott im Herzen wohnt – aber die nicht Ernst machen.

Nun, als Jesus vor Herodes steht, zeigt es sich, dass Gottes Türen zugefallen sind. Jesus antwortet ihm kein Wort. Hier war die Stunde, wo Herodes hätte erschrecken sollen, wo er niederfallen musste und bitten: »Herr, verwirf mich nicht von Deinem Angesicht! Jetzt will ich endlich Ernst machen mit einer klaren Bekehrung zu Dir.«

Dazu kam Herodes nicht. Er flüchtete in den Spott und starb in seinen Sünden. Eine ernste Warnung für viele von uns, die wir viel gehört haben von Gottes Heil, aber nie zu einer Hingabe des Glaubens an den Mann von Golgatha gekommen sind. »Suchet den Herrn, solange er zu finden ist!«

3. Der Spott-Mantel

Es ist merkwürdig, wie seltsam hintergründig die Leidensgeschichte Jesu ist. Auch bei dieser Sache mit dem weißen Mantel. Irgendwie muss dieser Umhang etwas Königliches gewesen sein, das sich auf den Schultern des gefesselten und leidenden Heilandes wunderlich ausnahm.

Aber dass es ausgerechnet ein »weißes Gewand« war! Das »weiße Gewand« spielt in der Bibel eine Rolle als Gleichnis für Gerechtigkeit vor Gott. Die Engel tragen weiße Gewänder. Und Jesus sagt: »Wer überwindet, soll mit weißen Kleidern angetan werden.« Und der weltförmig gewordenen Gemeinde in Laodicea empfiehlt der Herr: »Ich rate dir, dass du dir weiße Kleider besorgst, dass nicht offenbar werde die Schande deiner Blöße.«

Mein geistliches Leben besteht darin, dass ich Jesus das befleckte Gewand meines Lebens gebe und Er schenkt mir Seine Gerechtigkeit als weißes geistliches Kleid.

Herodes gibt Jesus ein weißes Kleid. Welche Narrheit! Er sollte vielmehr besorgt sein darum, dass er das weiße Gewand der Gerechtigkeit von Jesus bekommt.

Zum Schluss noch eins: Der Herr Jesus wurde

von dem Spottgewand nicht berührt. Ich verstehe das. Als der Vater Ihn auf dem Berg der Verklärung herrlich machte, da – so sagt die Bibel – wurde Sein »Kleid weiß wie ein Licht«. Wen Gott mit dem weißen Kleid gekleidet hat, den berührt der Spott der blinden Menge nicht mehr. Das geht auch uns an; denn Jesus will uns in Seine Klarheit hineinziehen. Öffnen wir uns Seinem Wirken!

Die Geißel

Joh. 19,1: Da nahm Pilatus Jesus und geißelte ihn.

Kürzlich ist bei uns Folgendes geschehen: Auf allen staatlichen Gebäuden wehten die Fahnen auf Halbmast, weil bei einem Bergwerksunglück viele Männer zu Tode gekommen waren. Unter diesen Trauerfahnen aber tobte der Karneval. Gemachte Trauer! Gemachte Freude!

Es ging mir daran wieder einmal deutlich auf, wie unsere Zeit gar nichts mehr ernst nimmt. Das ist im Grunde unsere Not, dass wir nichts mehr ernst nehmen können.

Aber gerade darum ist ein Blick auf das Leiden des Sohnes Gottes so befreiend: Er nimmt uns ganz ernst. Er nimmt unsere Erlösung ganz ernst. Er setzt alles ein.

Dass es uns doch in dieser Passionszeit geschenkt würde, das Leiden Jesu recht tief zu begreifen! 35 Jahre lang habe ich Passionspredigten gehalten. Und dabei habe ich für die Gemeinde und für mich selbst immer neue Wege gesucht, in das offenbare Geheimnis der Passion einzudringen. In diesem Jahr soll uns dazu die Betrachtung der Gegenstände dienen, die in der Leidensgeschichte eine Rolle spielen. Heute soll uns beschäftigen

Die Geißel

1. Sie enthüllt den Menschen

Grauenvoll ist dieses Bild: Jesus ist mit den hochgezogenen Händen an die Martersäule gebunden. Und rohe, lachende, stumpfe Henker schwingen die Geißel. Die römische Geißel bestand aus Riemen, in die Eisenstücke und Knochensplitter geflochten waren. Nach ein paar Schlägen war der Rücken des Gepeitschten aufgerissen und blutüberströmt. Grauenvoll! Und der gebildete Pilatus hat es befohlen. Und die hochwürdigen Priester sind einverstanden. So ist der Mensch!

Schiller sagt in einem Gedicht: »Das Schöne, Wahre! / Es ist nicht draußen, da sucht es der Tor. / Es ist in dir, du bringst es ewig hervor.« Welche Illusion! Die Geißel enthüllt unser hartes, böses Herz. Welche Verwandlung muss an uns geschehen, wenn dies harte Herz göttlich werden soll! Um dies Große zu erreichen – dazu ist der Sohn Gottes gekommen.

Ja, hier wird der Mensch enthüllt. Nicht nur seines Herzens Härte, sondern seine Gottlosigkeit. Während eines Bombenangriffs im

Krieg hörte ich einen Mann lästern: »O wenn ich doch Gott einmal in die Finger bekommen könnte!« Nun, in unserer Geschichte hat der Mensch »Gott in die Finger bekommen«. Und da beweist er, dass der Heidelberger Katechismus Recht hat: »Ich bin von Natur geneigt, Gott zu hassen.« Das ist der tiefe Sinn dieser Geschichte: Gott ist in Jesus, Seinem Sohn, zu uns gekommen. Er hat sich uns in die Hand gegeben. Und was tut der Mensch mit diesem Mensch gewordenen Gott? Seht, wie die Geißel auf den Rücken Jesu klatscht! Diese Geißel offenbart das Innerste unseres Herzens: Wir wollen unsere eigenen Götter sein. Wir wollen Gott los sein. Wir wollen Ihn totschlagen.

Es ist unheimlich, wie diese Geißel das Menschenherz enthüllt. Ich muss noch etwas zeigen: Die Passionsberichte sagen uns deutlich, dass Pilatus das Todesurteil über Jesus nicht sprechen wollte. Er fürchtete sich, weil ihn Jesus unheimlich anzog. Er fürchtete sich aber auch vor dem Volk, das tobend Jesu Tod verlangte. Nun suchte er einen Mittelweg zwischen Freispruch und Todesurteil. Er ließ Jesus geißeln in der Hoffnung, das Volk werde nun zufrieden sein.

Diese Geißel ist also der Ausdruck eines Herzens, das Sympathie für Jesus hat, aber mit der Welt es nicht verderben will. Unter uns sind viele, die diesem Pilatus gleichen. Im Blick auf solche Pilatusherzen hat der Herr Jesus nach Seiner Auferstehung gesagt: »O dass du kalt oder warm wärest. Weil du aber lau bist, will ich dich ausspeien aus meinem Munde.« Welch ein Wort!

Pilatus ist schließlich der Zeuge dafür, dass es im Christenstand keine Halbheiten gibt. Er musste endlich doch das Todesurteil über Jesus fällen.

2. Die Geißel enthüllt Jesus

Wir wissen: Das Volk gab sich mit der Geißelung nicht zufrieden. Jesus musste sterben. Und nun hört! Nicht nur das tobende Volk wollte dies, sondern auch – Gott!

Jesus sollte das »Lamm Gottes« sein, das der Welt Sünde wegträgt. Er musste das Opfer sein, das der Gerechtigkeit Genüge tut, welches das Gericht für die Sünder trägt und durch das Gott die Welt mit sich versöhnt. Er sollte sterben auf dem Altar des Kreuzes. Und so geschah es.

Aber nun müssen wir doch fragen: Warum ließ denn der himmlische Vater außerdem diese grausame Qual der Geißelung zu? Nun, sie hat eine große Bedeutung im Rahmen der Leidensgeschichte. Lasst uns das zu verstehen suchen.

Er sollte das »Lamm Gottes« sein. Das wahre Opferlamm für die ganze Welt. Wie solch ein Lamm aussehen muss, das ist im Alten Testament genau beschrieben und vorausgesagt. Da lesen wir: »Da er gestraft und gemartert ward, tat er seinen Mund nicht auf wie ein Lamm, das zur Schlachtbank geführt wird, und wie ein Schaf, das verstummt vor seinem Scherer.« So steht es in Jesaja 53.

Und nun war die Stunde da, in der das »Lamm Gottes« gemartert wurde.

Wie verhält sich nun Jesus?

Ja, fragen wir zuerst einmal, wie sich ein Mensch in solcher Lage verhält. Was hätten wir getan, wenn wir unschuldig so gegeißelt worden wären?

Da kann man weinen und seine Unschuld beteuern. Oder man kann die harten Henker um Milde anflehen. Oder man kann es machen wie die Indianer: Man ist heroisch und sagt den Henkern seine Verachtung ins Gesicht. Oder man verzweifelt an Gott und lästert Ihn. O, es gibt viele Möglichkeiten des Verhaltens. Was aber tut Jesus? Er schimpft nicht. Er lästert nicht. Er klagt nicht. »Er ist wie ein Lamm, das verstummt vor seinem Scherer. Er tut seinen Mund nicht auf.«

Ihr begreift! Hier wird eine alttestamentliche Verheißung erfüllt. Oder viel mehr: Jesus wird erwiesen als das rechte Lamm, das die Versöhnung vollziehen kann.

Wie ist das wichtig für alle bedrängten Herzen und für alle angefochtenen Gewissen! Jesus ist das rechte Lamm Gottes. Er ist imstande, die Sünde der Welt wegzutragen. Also auch unsre! Auf dem Altar des Kreuzes wurde ein gültiges Opfer dargebracht. Hier können wir wirklich Frieden mit Gott finden.

Nun kann es unsere Geschichte werden, was in einem alten Volkslied steht: »Ich wollte Frieden finden, / ich sucht ihn allerwärts. / Ich fand wohl viele Sünden, / doch kein versöhntes Herz. / Da bin ich still gegangen / bis hin zum Kreuzesstamm: / Es stillte mein Verlangen / das heil'ge Gotteslamm.«

3. Die Geißel enthüllt das Geheimnis der Erlösung

Seht Ihn an, den Herrn, wie Er dort blutig und erniedrigt die Qual der Geißel erduldet. Er, der Herrlichkeit beim Vater hatte in den himmlischen Räumen, – Er, der Macht hatte, den Lazarus aus dem Grabe zu rufen, – Er, vor dem die Dämonen wichen – Er ist schauerlich erniedrigt. Ein Dichter sagt: »Mehr schmerzt das Scheiden nicht von Seel und Leib / als Größe, die uns abfällt ...« Jesus als gefallene Größe!

Während ich das ausspreche, steht ein anderes Bild vor mir von gefallener Größe: Adam. Er, der herrliche Sohn Gottes, der gegen Gott gehandelt hat, hinausgetrieben aus dem Paradies. Gefallene Größe! Und wir alle, die wir Adams Nachkommen sind, gleichen ihm. Ich fragte einmal einen alten Christen: »Warum haben alle Menschen so Minderwertigkeitsgefühle?« Da sagte er: »Weil wir wissen, dass wir eigentlich Königssöhne sein sollten! Und was sind wir?!« Ja, wir alle sind gefallene Größen. Wir sollten Kinder Gottes sein. Und was sind wir?!

Nun tritt der Sohn Gottes, Jesus, unter die gefallenen Größen, unter die Sünder. Freiwillig wird Er gefallene Größe. Freiwillig lässt Er sich erniedrigen durch die Geißelschläge. Warum? Damit unser Fallen ein Ende hat. Damit wir an Seine Stelle treten können. Damit wir wieder in die verlorene Größe als Kinder des lebendigen Gottes erhoben werden.

Der Raum fehlt, um das weiter auszuführen. Nur sollen wir wissen: Auch über der schreck-

lichen Geißelung steht das Wort, das über allem Leiden und Sterben Jesu steht: »Für uns!« Er wird gefallene Größe, damit wir wieder eingesetzt werden in die Gotteskindschaft. Es liegt an uns, Gebrauch davon zu machen.
Ich sagte am Anfang: Es ist unsere Not, dass wir nichts mehr ernst nehmen können. Dies sollten und dürfen wir ernst nehmen: »Für uns.«

Die Martersäule

Joh. 19,1: Da nahm Pilatus Jesus und geißelte ihn.

In jedem römischen Gerichtsgebäude befand sich eine Martersäule. An diese wurden die Opfer einer grausamen Justiz angebunden, wenn sie gegeißelt werden sollten. Auch im Prätorium in Jerusalem gab es solch eine Säule.
Um diese Säule wollen wir uns heute versammeln. Ich weiß: Das ist etwas befremdlich, beinahe lächerlich; denn diese Säule wird ja in der Bibel gar nicht ausdrücklich erwähnt. Außerdem ist sie gar nicht mehr vorhanden. Und vor allem: Man könnte mit Recht fragen, was denn in aller Welt diese alte Säule den Menschen von heute angehe.
Aber da wir nun einmal angefangen haben, die Gegenstände der Leidensgeschichte näher zu betrachten, so lasst euch heute die Martersäule gefallen. Ich bin überzeugt, dass sie uns Wichtiges zu sagen hat.

Die Martersäule

1. Sie ist schrecklich

Ja, es ist fürchterlich, dass es so etwas gegeben hat: eine Säule, an die man Menschen fesselte, um sie zu schlagen und zu erniedrigen. Was sage ich: »gegeben hat«? Die Martersäule ist nie ausgestorben. Überall gab und gibt es Martersäulen und Marterpfähle, Geißeln und Schläge. In jedem Konzentrationslager fanden sie sich. Und wie viel Marterpfähle sind jetzt wohl in der Welt aufgerichtet! O wir elendes, gefallenes Menschengeschlecht!

Und nun ist sogar der Sohn Gottes hier angebunden! Ich möchte, dass ihr die Szene, die in der Bibel nur so knapp geschildert wird, recht deutlich vor euch sähet. Hier ist nicht eine gottverlassene Welt. Jesus, der Heiland, ist der Mittelpunkt einer Schar von Männern. Kann man sich etwas Schöneres vorstellen als eine Versammlung mit Jesus in der Mitte?

Aber Jesus ist angebunden und ohnmächtig gemacht. Nun kann das Untermenschliche sich austoben.

Ich war tief erschrocken, als ich begriff: Dies ist ja ein Bild unseres so genannten christlichen Abendlandes. O ja! Jesus ist unter uns! Überall werden Kirchen gebaut; es wird von Ihm gepredigt; die Bibel ist das meistverkaufte Buch. Alles nennt sich »christlich«. Also: Christus ist mitten unter uns.

Aber – wir haben unsere Kirchen zu Martersäulen gemacht, an denen Jesus angebunden ist. Jawohl, dort in der Kirche darf Er sein! Aber dort soll Er auch angebunden bleiben. Er soll ja nicht heraustreten in unser Alltagsleben, in unser Familienleben, in unser Geschäftsleben, in unser politisches Leben. Hier will sich unser Untermenschliches austoben. Hier haben wir unsere Streitereien, unsere Unehrlichkeiten, unsere schmutzigen Dinge, unseren Machtwillen, unsere …

Es genügt! Unsere »christliche« Welt gleicht unheimlich dem Prätorium in Jerusalem. Jesus ist an die Säule gefesselt – der Mensch triumphiert – und Jesus leidet unerhört.

Aber es ist fatal, so allgemein zu reden. Lasst es mich persönlich sagen. Geschieht das, was da an der Martersäule geschah, nicht auch in unserem Inwendigen? O ja, wir sind Leute, die den geoffenbarten Gott kennen, sonst wären wir ja nicht im Gottesdienst. Aber wie oft geschieht es doch, dass wir Ihn an die Säule fesseln, dass Er ganz machtlos wird. Und dann tun wir nach unseres Herzens Gelüsten. Jesus aber leidet.

In der ersten Christenheit, die geistlich so wundervoll lebendig war, lebte ein Ehepaar Ananias und Saphira. Von ihnen wird berichtet, dass sie eines Tages eine rührende Betrugsgeschichte inszenierten. Die Sache kommt uns reichlich harmlos vor. Und doch hatte sie schreckliche Wirkungen! Sie mussten gewissermaßen Jesus an die Martersäule fesseln, solange sie diese Sache ausführten. Wie oft ist das seitdem in der Gemeinde Jesu geschehen!

Wollen wir nicht Jesus losbinden und Ihn bitten: »Herr! Binde Du mich – so wie Du fesselst: binde mich mit ›Seilen der Liebe‹? Binde mich nicht an die Säule, die ich verdient hätte, sondern binde mich an Dich!«

2. Sie ist armselig

Als Pilatus den Herrn Jesus an die Martersäule fesseln ließ, war das für ihn ein trauriger Kompromiss. Sein Gewissen sagte ihm: Dieser Jesus ist unschuldig. Lass ihn frei! – Draußen aber brüllte die Volksmenge: »Kreuzige Ihn!«

Was sollte der bedrängte Pilatus tun? Er machte einen Kompromiss. Er wählte einen Mittelweg zwischen Freilassung und Kreuzigung: die Säule.

War das nicht ganz schlau? Müssen wir nicht in unserem Leben überall Kompromisse schließen?

Jetzt kommen wir an eine ganz wichtige Sache. Es ist richtig: Überall im Leben müssen wir Kompromisse schließen. Man kann nicht mit dem Kopf durch die Wand. Wer das versucht, ist ein Narr.

Aber – und das ist seltsam – Jesus gegenüber gibt es keine Kompromisse. Wer aufmerksam das Neue Testament liest, entdeckt fast mit Schrecken: Der Offenbarung Gottes in Jesus gegenüber gibt es immer nur eine radikale Stellung. Da kommt ein Mann zu Jesus und sagt: »Ich möchte mich Dir anschließen. Aber lass mich zuvor meinen Vater begraben.« Es ist unerhört, wie Jesus dieses »zuvor« beiseiteschlägt: »Lass die Toten ihre Toten begraben.« Oder ich denke an das geradezu erschreckende Wort des Apostels Jakobus: »Wer der Welt Freund sein will, der wird Gottes Feind sein.«

Hört nur einmal den Satz des Apostels Paulus: »Gott hat uns errettet von der Obrigkeit der Finsternis und versetzt in das Reich seines lieben Sohnes.« Also: Man ist errettet, oder man ist im Reich der Finsternis. Für einen Kompromiss ist hier kein Platz.

Vor allem geht uns die Kompromisslosigkeit des Evangeliums am Römerbrief auf. Da steht: »Wir sind gewiss, dass der Mensch gerecht werde vor Gott – ohne des Gesetzes Werke, allein durch den Glauben.« – Dies »allein« ist unerhört radikal.

Vor kurzem fand ich auf einem Friedhof ein Grabmal für ein paar Leute, die bei einem Brand umgekommen waren. Unter den Namen stand der Vers: »Wer durch Beruf und Tüchtigkeit gestorben, / der hat das ew'ge Leben sich erworben.« Das leuchtet der Vernunft ein. Und nun kommt der Römerbrief und streicht das durch, wirft alle unsere Gerechtigkeit auf die Seite und sagt: »... ohne des Gesetzes Werke, allein durch den Glauben.«

Durch die Martersäule wollte Pilatus einen Kompromiss schließen. Es ist ihm nicht gelungen. In geistlichen Dingen gibt es keinen Kompromiss.

3. Sie ist erstaunlich

Es gab im Tempel Gottes sicher jedes Mal eine beklemmende Stille, wenn der Priester das Sündopfer fesselte und zum Tod bereitete. Als Jesus an die Säule gefesselt wurde, hielt der Himmel den Atem an: Das Sündenopfer der Welt wurde zum Tod bereitet.

Aber nun kommt zuerst diese schreckliche Geißelung. Ich habe es immer als den tiefsten Punkt der Erniedrigung Jesu angesehen, dass man Ihn geschlagen hat. Übrigens haben auch die Menschen damals so empfunden, dass Geschlagen-Werden eine fürchterliche Erniedrigung ist. Es war streng verboten, einen römischen Bürger auszupeitschen.

Also seht! Wie sehr wurde der Sohn Gottes erniedrigt! Aber nun hört gut zu: Im 2. Kapitel des Philipperbriefes steht es etwas anders. Da heißt es: »Er erniedrigte sich selbst.« Der Sohn Gottes wollte es so.

Ist das nicht unfassbar? Jeder Mensch will erhöht werden. Wir tun doch alles, um etwas zu gelten. Die Welt kommt mir vor wie ein Wettlauf nach oben, ein atemberaubender Wettlauf, bei dem jeder höher hinaus will als der andere.

Und da ist nun der Eine. Er schlägt die entgegengesetzte Richtung ein. Er wandert gegen den Menschenstrom, der nach oben drängt. »Er erniedrigt sich selbst.«

Darüber sollte man nachdenken. Offenbar ist das hier der neue göttliche, heimliche Weg zum Frieden. Da wird man immer geringer. Und nur Gott ist ganz groß.

»Nun, ich danke dir von Herzen, / Herr, für die gesamte Not, / für die Wunden, für die Schmerzen,/ für den herben, bittern Tod, / für dein Zittern, für dein Zagen, / für dein tausendfaches Plagen, / für dein Angst und tiefe Pein / will ich ewig dankbar sein.«

Die Krone

Matth. 27,29: Sie flochten eine Dornenkrone und setzten sie auf Jesu Haupt.

Heute kann ich bei meiner Predigt sicher auf großes Interesse rechnen. Unser Text spricht nämlich von einer Königskrönung.
Als ich darüber nachdachte, fiel mir ein, welch ungeheures Interesse die europäische Öffentlichkeit vor ein paar Jahren bezeugte, als die englische Königin gekrönt wurde. Hunderttausende machten sich auf, das Schauspiel zu sehen. Und Millionen verfolgten diese Krönung im Radio und im Fernsehen. Es ist ein unerklärbarer Tatbestand, dass dies demokratische Jahrhundert für gekrönte Häupter schwärmt.
Darum kann ich also hoffen, für die Königskrönung, von der wir heute sprechen wollen, viel Interesse zu finden. Ich muss aber gleich sagen: Es ging bei dieser Krönung sehr unfeierlich und unförmlich zu. Ein paar rohe Soldaten machten die Sache lachend und spottend ab. Und doch war diese Krönung Jesu sehr bedeutsam. Ich weiß nicht, ob man in 2000 Jahren noch von der englischen Königin sprechen

wird. Aber von Jesu Königskrone sprechen wir heute, nach 2 Jahrtausenden. Nun richten wir unsere Aufmerksamkeit auf

Die Krone des Herrn Jesus

1. Es war eine schreckliche Krone

Vor einiger Zeit hatte ich ein seltsames Erlebnis. Ich saß in der Halle eines Hotels in Straßburg. Draußen regnete es. So hatte ich mein Notizbuch herausgezogen und trug allerlei Gedanken für meine kommenden Predigten ein über die Gegenstände der Passion. Ich war in meinen Gedanken gerade an die Dornenkrone gekommen, da trat eine Dame auf mich zu. Sie war Schweizerin, zu Besuch in Straßburg, und war in meine Vorträge geraten. Und da entdeckte sie mich nun in demselben Hotel, in dem auch sie wohnte. Sie setzte sich zu mir. Und zu meiner Verwunderung sagte sie: »Ich habe gerade über Jesu Dornenkrone nachgedacht. Ich war vor kurzem in Palästina. Und da habe ich« – nun zog sie einen kleinen Cellophanbeutel aus ihrer Handtasche – »von einem Dornstrauch einige Zweige abgebrochen. Aus solchen Dornen bestand gewiss Jesu Dornenkrone.« Sie gab mir den Beutel. Und ich sah diese fürchterlichen etwa 3 Zentimeter langen

Dornen an. Es war auf einmal sehr still. Und es war, als stünde zwischen uns beiden das »Haupt voll Blut und Wunden, / voll Schmerz und voller Hohn, / das Haupt, zum Spott gebunden / mit einer Dornenkron …«

Ich kann diese Dornen nicht vergessen. Wie fürchterlich und schmerzhaft müssen sie sich in die Stirn meines Heilandes gebohrt haben! Ich möchte, ich könnte euch die Tiefe dieses Vorgangs ganz klarmachen: Im Neuen Testament steht einmal das beunruhigende Wort: »Schrecklich ist's, in die Hände des lebendigen Gottes zu fallen.« Ja, das sollten wir leichtfertigen Leute keinen Augenblick vergessen. Aber – was geschieht nun hier? Da ist nicht der Mensch in Gottes Hände gefallen. Sondern – unfassbar! – Gott ist in der Menschen Hände gefallen.

Eins der modernen theologischen Schlagworte heißt: »Wir können doch nicht über Gott verfügen.« Nun, hier jedenfalls konnten die Menschen über den geoffenbarten Gott ganz nach ihrem Gutdünken verfügen. Welch eine Stunde, wo der Mensch über Gott verfügen konnte! Und was hat er getan? Er hat Ihn schändlich, grausam und hohnvoll gequält und verspottet.

Daran wird das Menschenherz offenbar. Die

Kriegsknechte haben gewissermaßen an unser aller Statt gehandelt. Und so wird offenbar, dass unser Herz Ihn nicht will. Der Heidelberger Katechismus sagt: »Ich bin von Natur geneigt, Gott und meinen Nächsten zu hassen.« So stimmt es! Das wird hier überdeutlich offenbar. Begreifen wir das? Dann verstehen wir jetzt auch das Wort des Herrn Jesu: »Es sei denn, dass jemand von neuem geboren werde, sonst kann er nicht in das Reich Gottes kommen.«

2. Eine liebliche Krone

Immer wieder habe ich im Geist das Bild dieser seltsamen Königskrönung vor mir gesehen: wie diese schauerliche Krone dem Herrn Jesus auf das Haupt gedrückt wird und wie Sein Gesicht blutüberströmt ist. Und da fiel mir auf einmal ein Gespräch ein, das einige Minuten vor dieser Krönung stattgefunden hatte. Da stand Jesus vor dem Pilatus. Und Pilatus fragte verwundert: »So bist du dennoch ein König?« Und Jesus antwortete: »Du sagst es! Ich bin ein König!« Die Soldaten hatten das sicher gehört und spotteten nun: »Du bist ein König?! Dann sollst du auch eine Krone haben!« Und sie setzten Ihm die Dornenkrone auf.

Aber nun gebe Gott, dass wir vor Ihm stehen und begreifen: »So bist du dennoch ein König!« Ja, Er ist es!

Die Dornenkrone zeigt uns, dass Sein Reich ganz anders geartet sein muss als alle Reiche dieser Welt. Es ist das Reich der geoffenbarten Liebe Gottes. O herrliches Reich der Liebe!

Während der Vorbereitung dieser Predigt sah ich mir wieder einmal lange ein Bild an, das ich sehr schätze. Es stammt aus dem Ende des 15. Jahrhunderts von Hieronymus Bosch. Da steht Jesus inmitten von grauenvollen Fratzen. Ein Kerl mit gepanzerten Fäusten – damit er sich nicht verletzt – hält die Dornenkrone eben über Jesu Haupt. Und der neigt Seinen Scheitel mit einer stillen, rührenden Bereitschaft der schrecklichen Krone entgegen. Wer das Bild ansieht, versteht: Hier ist Barmherzigkeit am Werk. Diese Dornenkrone trägt Er für mich. »Nun, was du, Herr, erduldet, / ist alles meine Last. / Ich, ich hab es verschuldet, / was du getragen hast.« Die Kriegsknechte ahnen nicht, was sie tun: Sie krönen Ihn zum König im Reich der Liebe Gottes.

Wenn ich die Zeitungen lese, wird mir übel, wie die Reiche dieser Welt nur Macht kennen und Hass und Misstrauen. Wie schön aber ist das Reich Gottes, das Reich der Liebe!

Wollt ihr in dies Reich hinein? Man fährt dorthin nicht mit dem Eisenbahnzug. Es geschieht im stillen Kämmerlein durch Übergabe unseres Herzens an Ihn. Braucht man auch einen Pass dazu? Ja! Nicht einen Pass mit Stempeln und Visa. Der Pass ist ein zerbrochenes, bußfertiges Herz, das nach Frieden mit Gott hungert.

Wundervolles Reich Gottes, dessen König die Dornenkrone trägt! Wo gibt es ein Reich, in dem der König sich um jeden Untertanen persönlich kümmert? Hier ist es so! Hier gibt es keine Bürokratie. Jeder hat es mit dem König direkt zu tun.

Ich hatte eine wundervolle Mutter. Jeden Augenblick habe ich gewusst: Sie wird mich immer verstehen und mir alles Liebe tun. Und doch – das Wichtigste kann mir selbst der liebste Mensch nicht tun: Er kann mir nicht helfen, wenn mein Gewissen schreit und mich verklagt; wenn die Angst vor der Welt mich erwürgt; wenn das Grauen des Todes mich packt. Aber der König mit der Dornenkrone – der ist wirklich ein Heiland. Gerade da ist Er mein Helfer, Erretter, Sündentilger, mein Erbarmer! Vor dem König in der Dornenkrone kann man nur niedersinken und danken: »Ich bete an die Macht der Liebe, / die sich in Jesus offenbart ...«

3. Die ewige Krone

Vor einiger Zeit war ich in Norwegen in dem schönen Strandheim, wo ein Norweger deutsche Flüchtlingsjungen sammelt. Ich traf dort eine Schar 17-Jähriger, die ein Erlebnis hinter sich hatte, das sie sehr erschüttert hatte. Sie waren eben erst aus einem der Sowjet-Länder gekommen, wo man sie gelehrt hatte: »Es gibt keine Könige mehr in der Welt.« Da hatte der Norweger sie mit nach Oslo genommen und ihnen den norwegischen König gezeigt. Das hatte nun ihre ganze Weltanschauung ins Wanken gebracht.

Gerade in jenen Tagen nun kam ich dorthin. Und da konnte ich ihnen sagen: Es ist schon wahr, dass alle Kronen der Welt sehr unsichere Sachen sind. Ich selbst habe viele Königskronen fallen sehen. Aber – das ist seltsam – eine einzige Königskrone wird alle Kronen der Welt überdauern: Das ist die Dornenkrone des Herrn Jesus. An diesem so seltsam Gekrönten wird das Wort wahr werden: »Es werden sich ihm alle Knie beugen. Und alle Zungen werden bekennen, dass Jesus Christus der Herr ist.«

Lasst uns zusehen, dass unser Leben schon jetzt unter Seine herrliche und heilsame Herrschaft kommt!

Die Waschschüssel

Matth. 27,24: Da aber Pilatus sah, dass er nichts schaffte, sondern dass ein viel größer Getümmel ward, nahm er Wasser und wusch die Hände vor dem Volk und sprach: Ich bin unschuldig an dem Blut dieses Gerechten; sehet ihr zu!

Welch eine dramatische Szene!
Auf dem »Hochpflaster Gabbatha« – das war eine Art von Terrasse – sitzt in der prunkvollen Toga des römischen Prokurators Pontius Pilatus. Das Gewand ist das einzig Herrliche an ihm. Sein Herz ist in tödlicher Verlegenheit. Gequält schaut er auf den gefesselten Jesus, der in königlicher Ruhe vor ihm steht. »Was soll ich mit ihm machen?« denkt er.
Unruhe ist um den Pilatus her. Vor der Terrasse drängt sich das brüllende Volk: »Lass ihn kreuzigen!« Im Hintergrund sind einige Soldaten beschäftigt, dem verdutzten Barrabas die Fesseln abzunehmen. Zu dem Pilatus neigt sich ein Diener seiner Frau. Die lässt ihn beschwören: »Habe du nichts zu schaffen mit diesem Gerechten.« Müde winkt Pilatus ab.
Genau das sagt ihm sein eigenes Herz. Aber da vorn steht der Hohepriester. Sein Blick droht:

»Lässt du diesen los, werden wir es dem Kaiser melden.«

Da winkt Pilatus einem Diener. Ein kurzer Befehl. Jetzt wird eine silberne Waschschüssel gebracht. Ganz still wird es. Alle Augen sehen auf diese Waschschüssel. Man hört in der Totenstille das leichte Plätschern, als Pilatus seine Hände eintaucht. Und dann erklärt er: »Ich bin unschuldig am Blut dieses Gerechten.«
Auch wir wollen unsere Blicke richten auf

Die Waschschüssel des Pilatus

1. Um was geht es hier?

Vor kurzem wurde in England ein Prozess durchgeführt gegen einen Arzt. Der wurde verdächtigt, er hätte einige seiner Patienten umgebracht. Ich weiß nicht, woran es lag – aber dieser Prozess hat die ganze Welt beschäftigt.
Als ich eines Tages einen Bericht las, packte mich die Vorstellung: In dem Gerichtssaal sitzen zweierlei Menschen. Die einen sind direkt beteiligt, Richter, Anwälte, Zeugen, der Angeklagte. Die anderen sitzen im Zuhörerraum. In dem Zuhörerraum sitzen gewissermaßen auch alle die, welche von dem Prozess hören und lesen. Die Leute im Zuhörerraum sind interessiert, aber nicht beteiligt.

Nun gibt es einen viel wichtigeren Prozess als den gegen diesen Arzt. Das ist der Prozess gegen den Sohn Gottes, gegen Jesus.

Und nun ist die Frage: Kann man bei dem Prozess Jesu auch Zuhörer bleiben? Gibt es einen Platz, wo die Interessierten, aber Unbeteiligten sitzen?

»Ja«, sagt Pilatus, als er die Hände in die Schüssel taucht. »Bis jetzt war ich in diesem fürchterlichen Prozess beteiligt. Da! – dieser Hohepriester hat mich gewaltsam in die Sache hineingezogen. Aber ich habe genug! Ich ziehe mich heraus. Ich will mit dem Prozess gegen Jesus nichts zu tun haben.«

Das ist nun die Frage: Kann man das?

Es gab in Israel eine seltsame Einrichtung: Wenn irgendwo im Lande ein Ermordeter aufgefunden wurde, kamen die Ältesten der nächstgelegenen Ortschaft zusammen, wuschen über dem Toten die Hände und erklärten: »Unsere Hände haben dieses Blut nicht vergossen.«

Vielleicht kannte Pilatus diese Einrichtung. Da sieht er in grausigem Realismus Jesus schon als Gemordeten an. Er aber wäscht seine Hände und erklärt: »Diese Sache geht mich nichts an. Ich bin unschuldig.«

Und wieder fragen wir: Kann man das? Kann

man in dem Prozess Jesu, über dem es ja einfach nicht ruhig wird, Zuhörer und unbeteiligter Zuschauer sein?

»Ja, das kann man!« sagt Pilatus und taucht die Hände in die Waschschüssel.

Aber – hat Pilatus Recht? Kann man es wirklich? Können Pilatus und Kaufmann Schulze und Direktor Müller und Pastor NN und Ehefrau X und das Kind Heinz sagen: »Ich habe mit dem Prozess Jesu nichts zu tun! Ich bin weder Angeklagter noch Kläger noch Richter noch Henker! Mich geht das nichts an!« Kann jemand so sagen? Darum geht es bei der Waschschüssel.

2. Diese Waschschüssel ist eine Lügen-Schüssel

Pilatus taucht seine Hände in die Schüssel und sagt: »Jetzt geht mich Jesu Prozess nichts mehr an. Jetzt bin ich unbeteiligter Zuschauer. Was auch geschieht – meine Hände sind rein!«

Und seht, das ist eine große Lüge. Er fällt ja doch das Todesurteil über Jesus. Das steht sogar im Glaubensbekenntnis: »Gelitten unter Pontius Pilatus, gekreuzigt ...« Wenn irgendwo in der Christenheit das Glaubensbekenntnis gesprochen wird, wird jedes Mal erklärt: Pilatus konnte sich nicht in den Zuhörerraum

verflüchtigen. Er blieb beteiligt. Die Waschschüssel war Schwindel und Betrug.
Es ist, als wenn Pilatus das ahnt. Warum wäscht er eigentlich die Hände? Ist da etwas zum Wegwaschen? Ach ja! Da ist etwas, was kein Wasser wegwäscht. Du tötest den Sohn Gottes, Pilatus! Also, Pilatus konnte sich nicht in den Raum der unbeteiligten Zuhörer verziehen. Jetzt frage ich: Wer kann es denn? Die Bibel antwortet klar: Niemand! Im Prozess gegen den Sohn Gottes gibt es keine Zuhörer und Zuschauer. Alle, alle Menschen sind beteiligt. Und wenn Millionen Menschen der Überzeugung sind: Wir haben doch Jesus nie gekreuzigt; wir können unsere Hände in Unschuld waschen – dann ist dies unsichtbare Pilatus-Becken eine Lügen-Schüssel.
Wir alle sind Beteiligte. Und zwar sind wir seltsamerweise in mancherlei Form beteiligt. Ich will das eben skizzieren:
Wir sind beteiligt als Glieder des Volkes, das Ihn ausstößt. Denkt einmal an all die Tage, wo wir uns Gott entzogen haben, wo wir Ihn nicht bei uns brauchen konnten. Da haben wir mitgerufen: »Hinweg mit Ihm! Kreuzige Ihn!«
Und wir sind beteiligt als Angeklagte. Als Gott Seinen Sohn an das Kreuz nageln ließ, hat Er doch gegen Seinen lieben Sohn nichts gehabt.

Das Todesurteil gilt uns – mir und dir! Aber der Sohn Gottes ist Bürge geworden für uns und bezahlt für uns. Wir sind die eigentlichen Angeklagten. Nicht wahr – das geht uns an!

Und wir sind beteiligt als Mörder Jesu. Um aller Menschen Sünden willen geht Jesus an das Kreuz. Das heißt: Jeder hat bei der Kreuzigung Jesu seine Hammerschläge beigetragen. Jeder Unglaube – ein Hammerschlag, der Jesus an das Kreuz nagelt. Jeder Streit – ein Hammerschlag. Jede Übertretung von Gottes Gebot, jede Lieblosigkeit – ein Hammerschlag. Jede Lüge – ein Hammerschlag! O, wir haben schon tüchtig mitgehämmert, dass Jesus von neuem immer und immer fester angenagelt wurde.

Wollen wir noch immer das Pilatus-Spiel mit der Waschschüssel spielen: »Ich bin unschuldig am Blut Jesu!«? Ich glaube, das ist einer der bedeutendsten Augenblicke im Leben eines Christen, wenn ihm aufgeht: »… ich, ich hab es verschuldet, / was du getragen hast.«

3. Eine silberne Schüssel wird zum eisernen Vorhang

Ja, ja: Ich spreche hier in unvereinbaren Bildern. Und doch – genauso ist es!

Bitte, seht dies Bild an: Da sitzt Pilatus – dort steht Jesus. Und zwischen beiden steht die

Schüssel, in der Pilatus sich »die Hände in Unschuld wäscht«. Je länger ich die Schüssel zwischen den beiden ansehe, desto mehr entdecke ich: Diese Waschschüssel ist eine Grenze, ein unheimlicher eiserner Vorhang zwischen zwei Reichen: zwischen dem Reich der Gnade und dem Reich der Gnadenlosen.

Dort steht Jesus. Er ist der König im Reich der göttlichen Gnade. Wisst ihr, wie man in dieses herrliche Reich hineinkommt? Man macht es wie der »verlorene Sohn«. Der ging zum Vater und sagte: »Ich habe gesündigt.« Geh doch zu Jesus und sag: »Ich habe gesündigt!« Dann antwortet Er dir: »Sei getrost! Für dich habe ich auf Golgatha bezahlt. Bleibe bei mir und lerne, von der Gnade zu leben!«

Auf der anderen Seite aber ist das gnadenlose Reich. Da sitzt Pilatus, wäscht sich die Hände und erklärt: »Ich bin unschuldig!« Und auf seiner Seite sehe ich bis heute Millionen, die mit ihm ihre Hände waschen und sagen: »Ich bin unschuldig!« O ihr, die ihr euch selbst rechtfertigt, – ihr, für die der Sohn Gottes nicht zu sterben brauchte, – ihr, die ihr das Wort »Sünder« lächerlich findet, – ihr, die ihr meint, dass ihr Gerechte seid, die der Buße nicht bedürfen, – o ihr, die ihr euch um des Pilatus' Waschbecken drängt und mit eurer Gerechtigkeit prangt!

Wir beneiden euch nicht! Wir gehen auf die andere Seite der Waschschüssel – in das Reich der Gnade! Wer will mitgehen?

Der Richtstuhl

Joh. 19,13: Da Pilatus das Wort hörte, führte er Jesus heraus und setzte sich auf den Richtstuhl an der Stätte, die da heißt Hochpflaster, auf hebräisch aber Gabbatha.

Es ist mir oft ein ungemütlicher Gedanke, dass über uns alle irgendwelche Akten vorhanden sind: beim Einwohnermeldeamt, beim Standesamt, bei unserer Arbeitsstelle und bei der Polizei.
Und da gibt es nun ein Wörtlein, das in den Akten einen üblen Eindruck macht: »Vorbestraft!« Dies kleine Wort kann den Weg eines Menschen sehr erschweren.
Und jetzt muss ich etwas Ungeheuerliches sagen: Wir haben einen Heiland, der vorbestraft ist. Der Sohn Gottes ist vorbestraft.
Unser heutiger Text spricht von einem Richtstuhl, vor den Er gestellt wurde. Es war am Morgen des ersten Karfreitag, als die Hohenpriester und Ältesten den Sohn Gottes zu dem römischen Prokurator Pilatus brachten und Ihn anklagten. Nach langem Palaver setzte sich Pilatus in den Richtstuhl und verurteilte den Herrn Jesus. So ist es also: Jesus ist vorbestraft.

Dieser Jesus hat Millionen Menschen erneuert, beseligt und zu Kindern Gottes gemacht. Darum klingt es ungeheuerlich, wenn wir sagen: Er ist vorbestraft. Da ist es doch wohl nötig, dass wir unseren Blick richten auf diesen Richtstuhl, von dem aus Jesus verurteilt wurde.

Der Richtstuhl des Pilatus

1. Der Richtstuhl ist sehr fragwürdig

Es war ein römischer Richtstuhl. Der Boden aber, auf dem er stand, gehörte Israel. Da muss man doch den Pilatus fragen: »Wie kommt ihr Römer dazu, in anderen Völkern Gerichtsstühle aufzustellen?« Ich bin sicher, dass der Pilatus dann etwas gesagt hätte davon, dass Rom einen Auftrag hätte und eine Sendung.

So ist es immer in der Welt gewesen. Die Engländer hatten angeblich eine Sendung in Indien und stellten ihre Gerichtsstühle dort auf. Die Deutschen sprachen von ihrer Sendung und stellten Gerichtsstühle auf in Norwegen und Frankreich, in Polen und in der Ukraine. Und so geschieht im Namen des Rechts Unterdrückung und Gewalttat, solange die Welt steht.

Wir wollen uns auch den Richter ansehen, der dort in der »Leidensgeschichte« auf dem

Richtstuhl saß: Pilatus. Gerade in den Versen vor unserem Text wird berichtet, dass der Hohepriester einige sehr deutliche Bemerkungen fallen ließ: »Wenn du, Pilatus, diesen Jesus nicht verurteilst, dann wirst du dir sehr schaden. Dann werden wir in Rom beim Kaiser einiges zur Sprache bringen, was dir sehr unangenehm sein wird.« Darauf fällte Pilatus seinen ungerechten Richtspruch.

Ein Richter, der selber belastet ist! Es ist bedrückend, dass es so etwas nicht nur vor 2000 Jahren gab. Die Bibel nimmt kein Blatt vor den Mund und nennt diese Welt eine »Welt der Ungerechtigkeit«. Es gibt ein Bild von dem holländischen Maler Breughel. Es hat die Inschrift: »Weil die Welt so ungetreu ist, lege ich Trauer an.«

Nun, Christen wissen Besseres, als Trauer anzulegen. Sie hoffen! Gott verspricht in Seinem Wort: »Ich schaffe einen neuen Himmel und eine neue Erde, in welchen Gerechtigkeit wohnt.«

Und der König dieser neuen, zukünftigen Welt der Gerechtigkeit steht mitten in unserem Text: Jesus. Von Ihm sagt die Bibel: »Er richtet und streitet mit Gerechtigkeit.« Ja, gerade in unserem Text streitet Jesus für Gerechtigkeit. Und das geht uns sehr nahe an. Er sagt gewissermaßen: »Du Mensch, du bist so ungerecht, dass du Gottes Urteil über dich nicht anerkennen willst. Du nennst deine Sünde gut und redest sie weg. Weil aber die Gerechtigkeit siegen muss und Sünde gerichtet werden muss, darum will ich jetzt deine Schuld auf mich nehmen und das Gericht an deiner Stelle tragen.«

So ist mitten in der ungerechten Welt mit Jesus das Reich der Gerechtigkeit Gottes angebrochen. Gott öffne uns die Augen dafür und gebe, dass wir in dies Reich eintreten!

2. Der Richtstuhl zeigt eine verkehrte Welt

Wir bekennen im Glaubensbekenntnis: »… von dannen er kommen wird, zu richten die Lebendigen und die Toten.« So oft ich dies Wort höre, sehe ich das gewaltige Bild Michelangelos in der Sixtinischen Kapelle vor mir: Wie da Jesus schrecklich und herrlich inmitten der Auferstandenen steht und mit unbeeinflussbarer Gerechtigkeit zur Hölle verdammt und zum Himmel erhebt.

Und nun seht unsern Text: Der Pilatus, der in diesem letzten Gericht sicher schlecht abschneidet, sitzt auf dem Richtstuhl; und Jesus, der gewaltige Richter, ist angeklagt. Verdrehte Welt!

Aber so ist nun das Evangelium! Das Neue Testament stellt alles auf den Kopf. Und darum ist es das aufregendste Buch der Welt. Ich will ein paar Beispiele zeigen, durch die auch unsere Gerichtsszene erklärt wird.

In allen selbsterfundenen Religionen der Welt ist es so, dass der Mensch seinen Gott sucht. So leuchtet es uns ein. Das Neue Testament aber sagt uns das Unerhörte: »Gott sucht dich, du Mensch. Er sucht dich durch Seinen Sohn Jesus, genau so, wie ein guter Hirte sein verlorenes Schaf sucht.« Kürzlich sagte mir ein gebildeter Mann hochmütig: »Es wird doch wohl genügend sein, wenn ich ein Leben lang Gott suche.« Ich erwiderte: »In Ihrem Leben wird dann die Katastrophe geschehen, dass Sie gar nicht gemerkt haben, wie Gott Sie sucht. Und so werden Sie ewig ein Nie-Gefundener, ein Verlorener bleiben.«

Ein anderes Beispiel: In allen Religionen bittet der Mensch seinen Gott. Im Neuen Testament aber wird alles auf den Kopf gestellt. Da bittet Gott dich. Hört doch, wie Jesus bittet: »Kommet her zu mir alle, die ihr mühselig und beladen seid. Ich will euch erquicken.« Wir müssen erst einmal Sein Bitten hören, ehe wir Ihn richtig bitten können.

Ja, das Neue Testament zeigt uns eine ganz

und gar veränderte Welt. In allen Religionen ist es so, dass der Sünder den Fluch seiner Sünde tragen muss und dass Gott dafür sorgt, dass das geschieht. Im Neuen Testament aber wird uns der Mensch gewordene Gott Jesus gezeigt, der für uns den Fluch der Sünde trägt, damit wir Vergebung aller Sünde finden können. Seht, wie Er am Kreuze hängt! Da trägt Er den Fluch der Sünde – Er, der Gerechte. »Die Strafe liegt auf ihm, auf dass wir Frieden hätten.« Selige Umkehrung aller Dinge!

In allen Religionen opfert der Mensch seinem Gott. Im Neuen Testament aber gibt Gott Seinen lieben Sohn zum Opfer und versöhnt die Welt mit Ihm selbst. Nun dürfen wir einfach in diese Versöhnung hineingehen.

Wenn ich diese umgekehrte Welt des Neuen Testaments ansehe, kann ich nur bitten: »Werft alle eigenen Gedanken über Gott, Heil und Seligkeit über Bord, und werft euch selbst von ganzem Herzen hinein in diese neue, unerhörte Welt der göttlichen Gnade!«

3. Der Richtstuhl ist ein Hinweis auf den Richtstuhl Gottes

Alle Gerichtssäle und Richterstühle weisen darauf hin, dass es ein letztes Gericht gibt und dass Gott Richter ist über alle Menschen.

Es gibt Bibelworte wie Hammerschläge: »Mit welchem Maß ihr richtet, werdet ihr gerichtet werden.« Oder: »Die Hurer und Ehebrecher wird Gott richten.«

Während Hitlers Herrschaft wurde ich einmal wegen einer Predigt vor Gericht gestellt. Und ich muss sagen: Ich habe sehr Angst gehabt. Aber tausendmal mehr Angst habe ich kennen gelernt, als ich begriff: Ich werde einmal von Gott gerichtet. Da werden wir Ihm auf tausend nicht eins antworten können. Mir ist auch angst um die vielen, die nie um ihr Heil sich bekümmert haben.

Ich bin aus meiner Angst vor dem Gericht Gottes erlöst worden durch Jesus. Wollt ihr das auch haben? So will ich es erklären. Man kann sich jetzt, heute Gottes Gericht stellen. Da wird alle Sünde in das Licht gebracht. Und dann gibt man Gottes Urteil über sich Recht.

Als ich das aber tat, wurde das Kreuz vor mich gestellt. Und ich sah den, der alle meine Strafe weggetragen hat. Ich glaubte an Jesus und – war frei. Zwei Bibelworte zum Schluss: »So wir uns selbst richten, werden wir nicht gerichtet.« Man kann nicht einfach an Jesus glauben, ohne dass man sich dem Gericht Gottes stellt. Und: »Wer an den Sohn Gottes glaubt, der wird nicht gerichtet.« Solche Buße und solcher

Glaube an Jesus sind die einzige Rettung vor dem großen Richtstuhl Gottes.

Die Tafel über dem Kreuz

Joh. 19,19-22: Pilatus aber schrieb eine Überschrift und setzte sie auf das Kreuz; und war geschrieben: Jesus von Nazareth, der Juden König. Und es war geschrieben in hebräischer, griechischer und lateinischer Sprache. Da sprachen die Hohenpriester der Juden zu Pilatus: Schreibe nicht: ›Der Juden König‹, sondern dass er gesagt habe: ›Ich bin der Juden König.‹ Pilatus antwortete: Was ich geschrieben habe, das habe ich geschrieben.

Unter meiner Post fand ich in dieser Woche einen dicken großen Briefumschlag. Darin war ein riesiges gelbes Plakat, auf dem die Evangelisations-Vorträge angezeigt waren, die ich in der nächsten Woche in der Stadt X halten soll. Es berührt mich immer seltsam, wenn ich auf einem Plakat den Namen Jesus finde. Nicht wahr, auf solche Plakate gehören Inschriften wie »Mach mal Pause – Trink Coca-Cola!« Oder: »Aus gutem Grund ist Juno rund.« »Der Herr trägt Gallus-Schuhe.« Und: »Jazz-Konzert!« Aber – Jesus?! Ich könnte mir denken, dass es Leute gibt, die es einfach für geschmacklos halten, wenn man den Namen Jesus auf ein Plakat schreibt.

Nun muss ich aber sagen: Der Name Jesus stand schon auf einem Plakat, als man von Coca-Cola, von Juno-Zigaretten und von Jazz überhaupt noch nichts wusste. Und dieses Jesus-Plakat hing an der seltsamsten Plakatsäule, die man sich denken kann: an einem Kreuz, über dem Haupt Jesu. Davon spricht unser Text. Wir betrachten heute

Das Jesus-Plakat über dem Kreuz

1. Es war eine Anklageschrift

Damals feierte man in Jerusalem das Passahfest. Aus diesem Anlass waren viele Ausländer in der Stadt versammelt. Damit alle das Plakat lesen konnten, ließ der römische Statthalter Pilatus die Inschrift in den drei bekanntesten Sprachen anbringen. »Jesus von Nazareth, der König der Juden.« Die Maler des Mittelalters, die oft die Kreuzigung darstellten, haben dies Plakat nie vergessen. Sie haben es allerdings vereinfacht. Sie zeigten nur die römische Schrift: »Jesus Nazarenus rex Judaeorum« und nahmen davon die Anfangsbuchstaben: INRI. Im Markus-Evangelium wird uns der Sinn dieses Plakates erklärt: »Es war oben über ihm geschrieben, was man ihm schuld gab.« Das Plakat war also eine kurzgefasste Anklageschrift gegen Jesus: »Er ist ein politischer Verbrecher.« Inzwischen ist dem Teufel noch nicht viel Neues eingefallen. Und so werden immer wieder die Jünger Jesu zu politischen Verbrechern erklärt.

Also eine Anklageschrift! Wie lächerlich! Der Mensch klagt seinen Herrn und Heiland an. Es lohnte sich nicht, über solch eine Albernheit zu sprechen, wenn uns diese Anklageschrift über dem Kreuz nicht daran erinnerte: Es gibt in der Tat eine ernsthafte Anklageschrift gegen Jesus. Die ist in der Hand Gottes. Des heiligen Gottes! Ich habe im Geist einmal einen Blick tun dürfen in diese Anklageschrift. Und da standen alle meine Sünden, Übertretungen und Unterlassungen, all meine Schuld von Jugend auf. Das war ja eine Anklageschrift – gegen mich! Als ich aber näher zusah, stand doch darüber: »Anklage gegen Jesus, den Sohn Gottes.« Meine Schulden waren Ihm zugerechnet.

Da verstand ich auf einmal das seltsame Wort aus Jesaja 53: »Der Herr warf unser aller Sünde auf ihn.« Unsere Schuldrechnung in der Hand Gottes ist die wahre Anklageschrift gegen Jesus. »Er ist um unserer Missetaten willen verwundet und um unserer Sünde willen zerschlagen«, heißt es in Jesaja 53. »Meine Strafe liegt auf ihm, auf dass ich Frieden hätte.«

Warum sind die Menschen heute so unfroh und so bedrückt? Weil unser Gewissen beschwert ist. Sünde ist eine schreckliche Wirklichkeit. Eine Last, die man nicht wegreden kann. Sie liegt auf uns – bis wir im Glauben aufschauen zu Jesu Kreuz. Da wird unser Gewissen frei. Da werden wir froh. Da lernen wir es fassen: »Die Sünden sind vergeben, / das ist ein Wort zum Leben / für den gequälten Geist ...« Herrlich sagt es ein anderer Vers, den wir gern in unserem Jugendkreis singen: »Die Handschrift ist zerrissen, / die Zahlung ist vollbracht. / Er hat mich's lassen wissen, / dass er mich frei gemacht; / er, der versank in bittern Tod ...«

Nun kehren wir zurück zu dem Plakat über dem Kreuz.

2. Es war eine oberflächliche Schrift

Als ich noch in die Schule ging, bekam ich einmal eine Arbeit zurück, in die der Lehrer viele rote Striche gemacht hatte. Und unter der Arbeit stand: »Oberflächlich! Mangelhaft!« Nun, ich möchte jetzt auch das Plakat vom Kreuz Jesu nehmen, rote Striche machen und drunter schreiben: »Oberflächlich! Mangelhaft!«

Schon die Juden haben ja dem Pilatus erklärt: »Diese Inschrift ist ungenau. Jesus ist nicht König. Er hat nur gesagt, er sei ein König!« Pilatus aber erklärte: »Hier wird nichts korrigiert!« Das Ganze war ein Stücklein aus dem kalten Krieg zwischen Römern und Juden. Pilatus sagte: »Das also ist euer Messias! Über den lachen wir!« Und die Juden schrien: »Nein! Er ist nicht der Messias! Er hat's nur behauptet!« Jetzt wollen wir diese beiden sich zanken lassen und selber einmal die Tafel im Geist herabholen und sie wie ein Lehrer korrigieren. Wort für Wort wollen wir dies Plakat durchgehen.

Jesus
Ja, das ist richtig! Der Mann dort oben am Kreuz heißt Jesus. Das ist der Name, den Gott selbst Ihm gegeben hat, der Name, den wir lieben. Der Name, vor dem die Teufel zittern und den alle Kinder Gottes rühmen.

von Nazareth
Da ist schon ein Fehler. Jesus von Nazareth – das hieße: Er ist ein Mensch wie wir, ein guter Mensch oder ein bedeutender Mensch. Aber nicht mehr. Doch Er stammt nicht aus Nazareth, sondern aus Bethlehem. Und das bedeutet etwas Wichtiges. Schon im Alten Testament steht: Aus Bethlehem soll der Heiland der Welt kommen. Aus Bethlehem, aus Davids

Geschlecht, soll der kommen, der Gott offenbart und die Welt erlöst. Das war der Fehler in dem Plakat: Man machte aus dem Mann von Bethlehem den Mann von Nazareth. Man machte aus dem Erretter, den Gott aus Seiner Welt gesandt hat, einen Mann unseresgleichen. Er aber ist Gottes Sohn.

König
Wieder muss ich ein Wort rot anstreichen. Jesus ist in dieser Stunde nicht König, sondern Priester. Es ist ein großer Irrtum, wenn der Mensch unserer Tage sich einbildet, er könne vor Gott stehen ohne Versöhnung. Wir brauchen einen legitimierten Priester, der uns mit Gott versöhnt. Nicht viele Priester, sondern den einen! Und der ist Jesus. Dort am Kreuz bringt Er das Opfer dar, das endgültig Frieden mit Gott macht: sich selbst. Er ist Priester und Opfer zugleich. Lasst uns diese Versöhnung mit Gott annehmen!

der Juden
Wieder ein Fehler. Nicht nur für Israel, sondern für alle Welt hängt Jesus dort am Kreuz. In der ersten Hälfte des 19. Jahrhunderts schenkte Gott eine große Erweckung in Wuppertal. Sie begann in der Stube des Lederhänd-

lers Diedrichs, in der eng gedrängt erweckte Menschen beieinander saßen über dem Wort Gottes. Ich las in einem alten Buch eine kleine Szene. Da warf einer die Frage auf: »Warum war die Überschrift über dem Kreuz in drei Sprachen abgefasst?« Diedrichs antwortete: »Das soll heißen: Komm, ganze Welt, ach komm herbei; / hier kannst du, dass Gott gnädig sei, / ohn dein Verdienst, erkennen.« Also auch das vierte Wort auf dem Plakat ist falsch. Jesus ist nicht nur für Israel da, sondern für alle Welt – und auch für dich!

3. Gottes Antwort auf die Anklageschrift

Im Grunde war die Tafel über Jesu Kreuz ein einziger Spott. Pilatus sagt durch das Plakat lächelnd: »Da, ihr Juden! So sieht euer Messias aus, auf den ihr hofft!« Und die Juden protestieren und stellen sich unter Jesu Kreuz und verspotten Ihn: »Wenn du der König Israels bist, so steig herab vom Kreuz, so wollen wir dir glauben.«

Aber während die Welt spottet, geschieht in den himmlischen Räumen etwas Großartiges. Wenn das Plakat und die Menschen nicht so laut schrien, dann könnten sie etwas hören, was ihnen das Blut in den Adern gerinnen ließe: das Lachen des großen Gottes. »Der im

Himmel sitzt, lacht ihrer.« Bis heute! Das sollen alle Verächter Jesu wissen.

Und es geschieht mehr: In dieser Todesstunde des Herrn Jesus proklamiert der heilige Gott Ihn zum Herrn der Welt, vor dem einmal alles sich beugen muss.

Paulus hat uns das berichtet. Ich zitiere wörtlich: »Jesus ward gehorsam bis zum Tode, ja zum Tode am Kreuz. Darum hat ihn auch Gott erhöht und hat ihm einen Namen gegeben, der über alle Namen ist, dass in dem Namen Jesus sich beugen sollen alle Knie derer, die im Himmel und auf Erden und unter der Erde sind, und alle Zungen bekennen sollen, dass Jesus Christus der Herr sei, zur Ehre Gottes, des Vaters.« Das lächerliche Plakat über Jesu Kreuz ist längst verschwunden. Aber »Jesu Name nie verklinget ...«

Die Los-Steine

Matth. 27,35: Da sie ihn aber gekreuzigt hatten, teilten sie seine Kleider und warfen das Los darum, auf dass erfüllet würde, was gesagt ist durch den Propheten: Sie haben meine Kleider unter sich geteilt, und über mein Gewand haben sie das Los geworfen.

Von dem ziemlich unbekannt gebliebenen österreichischen Schriftsteller Rudolf Havel gibt es eine geistvolle kleine Erzählung: »Das Zeitungsblatt.« Darin schildert er, wie an einem stillen Sonntag-Nachmittag in einer Papierfabrik die verschiedenen Papiersorten anfangen, sich zu unterhalten. Dem Zeitungspapier wird gesagt: »Du wirst ja doch gleich weggeworfen!« Sehr demütig ist das Kanzleipapier: »Man muss schön warten, bis man drankommt.« Und hochmütig erklärt das Ministerialpapier: »Ich stamme von echten Lumpen ab.«
Es ist sehr reizvoll, sich vorzustellen, die toten Dinge könnten reden. Der Gedanke kam mir, als ich wieder einmal die Leidensgeschichte Jesu las. Da wird erzählt, wie die Kriegsknechte unter Jesu Kreuz Wache halten. Und sie vertreiben sich die Zeit, indem sie um Jesu Kleider losen.

Zum Losen gebrauchte man im Altertum bunte Kieselsteine. Sie sind die Urahnen unserer Würfel. Dass diese Lose eine Bedeutung haben, geht schon daraus hervor, dass sie auch in dem 22. Psalm vorkommen, in dem das Leiden Jesu voraus verkündigt ist.
Was würden die Los-Steine sagen, wenn sie reden könnten?

Was die Kieselsteine sagen

1. »Seht! Die Herzen sind so hart wie wir!«

Ja! Die Kieselsteine sind hart. Aber ebenso hart sind die Menschenherzen.
Da hängen an den Kreuzen drei Menschen in grauenvoller Todesnot. Aber das rührt diese Soldaten nicht im geringsten. Sie tun ja nur »ihre Pflicht«. Denk bitte nicht, der Mensch hätte sich seitdem geändert. Es ist doch erschütternd, die Prozessberichte der letzten Zeit zu lesen. Da haben Menschen, die unter uns heute friedlich ihrem Beruf nachgehen, im Krieg Fremdarbeiter oder Gefangene kaltblütig umgebracht. Und als einzige Entschuldigung erklären sie: »Wir mussten unsere Pflicht tun.« Ja, das Menschenherz ist hart wie ein Kieselstein. Aber in unserer Textgeschichte handelt es sich um

mehr. Es hing ja nicht irgendein Mensch dort am Kreuz, sondern Jesus, der Sohn des lebendigen Gottes.

Während die Soldaten die Lose warfen unter Lachen und Geschrei, geschah es, dass der eine der Gehenkten auf einmal die ganze Wirklichkeit sah: Sein verlorenes Leben brachte ihn in die Hölle. Alle seine Sünden standen auf und verklagten ihn. Er sah sich verloren unter Gottes gerechtem Zorn. Aber in seiner verzweifelten Lage begriff er, dass der Gehenkte dort in der Mitte das Lamm Gottes ist, das der Welt Sünde wegträgt. Da rief er in seiner grässlichen Not zu Jesus. Und Er erlöste ihn und schenkte ihm mitten in seine Todesnot hinein Vergebung der Schuld und eine gewisse Hoffnung des ewigen Lebens.

Da fand also einer in dem gekreuzigten Jesus seinen Heiland und Erlöser. Die Soldaten aber losten und dachten: »Uns interessiert der Mann dort am Kreuz nicht.«

Und während sie um die Kleider stritten, stand der Hauptmann und schaute auf den Gekreuzigten. Und als der Sein Haupt neigte und verschied, da atmete der Hauptmann tief auf und rief laut: »Hier hat sich der verborgene Gott offenbart. Dieser Gekreuzigte ist Gottes Sohn.« – Da also kam ein Heide zum Glauben an Jesus. Da kam ein Mann aus der Obrigkeit der Finsternis zum Licht.

Die Kriegsknechte aber beendeten ihr Würfeln und Losen und beschauten kritisch ihre Beute. Und jede Miene sagte: »Der Gekreuzigte bedeutet uns nichts.«

Seht, das bezeichnet die Bibel mit Herzens-Härtigkeit. Und nun muss offen gesagt werden: So hart ist auch unser Herz. Wen bewegt das schon: »So sehr hat Gott die Welt geliebt, dass er seinen eingeborenen Sohn gab«! Gott selber muss durch Seinen Heiligen Geist unser Herz erweichen, wenn uns Jesu Kreuz bewegen, retten und erlösen soll. Ich bin sehr froh darüber, dass Gott durch den Mund des Propheten Hesekiel verheißen hat: »Ich will euch das steinerne Herz wegnehmen und will euch ein fleischernes Herz geben. Ich will meinen Geist in euch geben ...« Möge es doch an uns geschehen, ehe wir in unserem inneren Tod dahinfahren!

2. »Sind denn keine Erben da?«

Wenn die toten Dinge reden könnten, dann würden die Los-Steine gewiss fragen: »Ihr braucht uns hier so selbstverständlich, um den Besitz des Gekreuzigten zu teilen. Sind denn keine rechtlichen Erben da?«

Wenn die Kriegsknechte das hören könnten, würden sie lachen und erklären: »Bei Verurteilten ist der Staat der einzige Erbe. Und was der Gekreuzigte auf dem Leib trug, das fällt nach altem Recht uns zu. Dieser Jesus hat ja nichts besessen als seine Kleider. Also sind wir die einzigen Erben.«
So dokumentieren sie mit den Kieselsteinen: »Wir Henkersknechte sind die einzigen Erben.«
Aber da irren diese Soldaten. Gegen ihre Behauptung erhebt sich ein gewaltiger Chor von Stimmen aus allen Zeiten und aus allen Kontinenten. Es sind die Stimmen derer, die an Jesus gläubig geworden sind. Da sagt eine Stimme: »O ihr Kriegsknechte! Ihr würfelt um ein Kleid Jesu und bildet euch ein, ihr seiet die einzigen Erben. Mir hat Jesus auch ein Kleid vererbt, als Er starb: Christi Blut und Gerechtigkeit, / das ist mein Schmuck und Ehrenkleid, / damit will ich vor Gott bestehn, / wenn ich zum Himmel werd' eingehn.«
»Ich bin auch ein Erbe Jesu!« ruft ein anderer. »Als Jesus Sein Haupt neigte und verschied, hat Er mir den Frieden vererbt, der höher ist als alle Vernunft.« – »Und völlige Versöhnung mit dem heiligen Gott hat Er mir vererbt«, erklärt wieder einer, »denn Er hat alle, alle meine

Schuld gebüßt, an meiner Statt.« Und nun gehen alle Stimmen durcheinander: »Mir hat der Gekreuzigte Seine Gotteskindschaft vererbt!« »Und mir hat Er den Himmel vererbt!«
Der große König, Sänger und Prophet David hat im Geist diese Würfelei um das Erbe Jesu gesehen. Er schaut im Geist auf Jesus, den Gekreuzigten und wieder Auferstandenen. Und da lacht er geradezu die Soldaten aus und erklärt: Auch wenn ich nicht dabei bin, so bin ich doch dabei, wenn Jesu Erbe ausgeteilt wird: »Mir ist das Los gefallen aufs Liebliche. Mir ist ein schön Erbteil geworden« – nämlich: Freude die Fülle, liebliches Wesen, wirkliches Leben und eine gewisse Hoffnung des ewigen Lebens. – Ihr müsst das selber einmal nachlesen im 16. Psalm.
Gehören wir auch zu den wahren Erben Jesu?

3. »Da seht ihr, was der Mensch begehrt!«

Ja, so sagen die Los-Steine. Zweimal wurden sie geworfen. Zunächst machte man mehrere Teile aus Jesu Unterkleidern, Sandalen und dem, was Er bei sich trug. Da konnte man sich schon nicht einigen. Und dann ging's erst recht um das Obergewand, das man nicht zerteilen konnte. Ich sehe im Geist, wie einer der Soldaten so ein paar vorschriftsmäßige Los-Steine aus seiner Tasche zieht und sagt: »Also würfeln wir. Jetzt will ich mal mein Glück versuchen.«

»Ich will mein Glück versuchen.« So denkt der Mensch. Kürzlich las ich in der Zeitung, dass ein Mann im Quiz 70.000 Mark gewonnen hätte, wenn er aufgehört hätte, sich weiter fragen zu lassen. Aber er hatte nicht genug. Die Summe sollte größer werden. So ließ er sich weitere Fragen stellen. Die konnte er nicht beantworten. Damit verlor er alles. Jetzt bekam er eine solche Wut, dass jeder im Fernsehen beobachten konnte, wie man ihn gewaltsam abtransportieren musste. Armer Mann! Aber – geht es nicht immer so im Leben? Das Glück, das man erhofft, geht einem immer gerade vor der Nase vorbei.

Sollte man da nicht klug werden und nach ewigen Gütern trachten? In der Bibel sagt ein Mann: »Dein Wort macht mich klug.« Warum? Weil es mir die unvergänglichen Glücksgüter zeigt, die nicht verlorengehen. Hören wir noch einmal das Wort Davids, der das Heil Gottes gefunden hat: »Das Los ist mir gefallen aufs Liebliche. Mir ist ein schön Erbteil geworden.«

Der Rock

Joh. 19,22-24: Die Kriegsknechte aber, da sie Jesus gekreuzigt hatten, nahmen sie seine Kleider und machten vier Teile, einem jeglichen Kriegsknecht ein Teil, dazu auch den Rock. Der Rock aber war ungenäht, von oben gewirkt durch und durch. Da sprachen sie untereinander: Lasset uns den nicht zerteilen, sondern darum losen, wes er sein soll. Auf dass erfüllt würde die Schrift, die da sagt: ›Sie haben meine Kleider unter sich geteilt und haben über meinen Rock das Los geworfen.‹ Solches taten die Kriegsknechte.

Als ich an der Vorbereitung dieser Predigt saß, kam ein Freund, zitternd vor Empörung. »Das habe ich eben da vorn im Laden gekauft«, sagte er und legte mir eine Illustrierte auf den Tisch. Darin wird auf 48 Seiten behauptet, Jesus sei gar nicht tot gewesen, als man Ihn vom Kreuz nahm.
»O mein Heiland!« dachte ich. »Früher haben sie nur Deine Auferstehung bezweifelt. Jetzt leugnen sie sogar Dein Sterben!«
Die Narren! Denn das ist ja nicht die Frage, ob Jesus gestorben ist. Das ist klar und gewiss. Darüber wollen wir uns nicht den Kopf zer-

brechen. Aber darum will ich mich sorgen, dass Sein Tod für mich zum Leben wird.

Und dann fiel mir jener bayerische Gendarm ein, der während der Hitlerzeit unser Ferienlager im Fichtelgebirge auflösen sollte. Es kam nicht dazu. Denn der Geist Gottes hatte den Mann berührt. »Ich bin katholisch«, sagte er. »Aber kürzlich habe ich eine evangelische Beerdigung mitgemacht. Dabei sang man ein Lied, wo es am Schluss jedes Verses heißt: »Herr, lass deine Todespein / nicht an mir verloren sein. – Das lässt mich nicht mehr los.«

Ja, das sollte unsere Bitte sein! Wer möchte denn den stumpfsinnigen Kriegsknechten gleichen, die unter dem Kreuz Jesu um Seinen Rock stritten!

Und doch – gerade von diesen Kerlen möchte ich lernen, Jesu Leiden zu verstehen.

Es geht um den Rock des Herrn Jesus

1. Ich möchte gern den Rock haben

Da sitzen diese Männer unter dem blutigen Kreuz. Ein paar Kleinigkeiten aus dem Nachlass Jesu haben sie schon verteilt. Aber nun kommt der Rock an die Reihe. Der ist nicht – wie bei uns – ein Meisterwerk der Schneiderzunft mit Ärmeln, Kragen und Taschen. Er besteht vielmehr aus einem herrlichen Tuch, das man sich kunstvoll um den Körper schlug.

Die Kriegsknechte denken: »Lass doch den Pilatus politische Gedanken über diesen Jesus haben! Lass diese Hohenpriester über Seine Gottessohnschaft theologisieren! Lass das dumme Volk seine Abneigung gegen Jesus blöken! Was geht das uns an! Wir wollen den Rock, den Er uns hinterlässt.«

Und genauso geht es allen heilsverlangenden Herzen unter Jesu Kreuz. Sie denken: »Wer kann das unauslotbare Geheimnis des Kreuzes erklären?! Aber wir wollen den Rock, den Er uns hinterlässt.«

Ihr versteht jetzt schon: Es geht nicht um den Rock aus Wolle. Der ist nicht gemeint. Die Bibel treibt nämlich ein geheimnisvolles Spiel mit den Worten »Rock«, »Kleid« und »Gewand«.

Im Prophetenbuch des Jesaja steht z. B. ein Gebet: »Herr, nun sind wir allesamt wie die Unreinen, und all unsre Gerechtigkeit ist wie ein beschmutztes Kleid.« Und der Herr Jesus vergleicht einmal das Himmelreich mit einem königlichen Festmahl, an dem man nur teilnehmen kann in einem Gewand, das der König selbst schenkt. Als nun bei dem Mahl ein Mann in seinem eigenen Anzug trotzig dasitzt, fährt ihn der König an: »Freund, wie bist du hereingekommen?« Und dann wird er hinausgeworfen. Richtig geworfen! – Und der erhöhte Herr lässt der Gemeinde in Laodicea sagen: »Ich rate dir, dass du weiße Kleider von mir kaufst, dass nicht offenbar werde die Schande deiner Blöße.«

Hoffentlich verstehen wir diese biblische Bildersprache. Dann kommen wir mit der flehenden Bitte unter Jesu Kreuz: »Herr, der Du nackt und bloß da hängst, Du hinterlässt sterbend allen, die glauben, den herrlichen Rock Deiner Gerechtigkeit vor Gott. Herr, wie die Kriegsknechte Deinen wollenen Rock erben wollten, so will ich den Rock der Gerechtigkeit aus Gnaden erben. Ich will diesen Rock, mit dem ich vor Gott bestehen kann, mit dem ich vor den Engeln prange, mit dem ich getrost durch das Leben gehe und mit dem ich unangefochten im Sterben und im Gericht Gottes bleibe. Herr Jesus! Deinen Rock möchte ich haben. Christi Blut und Gerechtigkeit, / das sei mein Schmuck und Ehrenkleid …«

2. Man kann den Rock nicht zerteilen

Da sitzen nun die armen Landsknechte unter dem Kreuz und würfeln um Jesu Rock. Ich kann mir vorstellen, wie vielleicht ein reicher

Bürger vorbeigeht und hochmütig denkt: »Na, Gott sei Dank habe ich das nicht nötig. Ich kann mir selber meinen Rock besorgen.«

So ist nun immer die geistliche Lage. Unter Jesu Kreuz sind die »verlorenen und verdammten Sünder« versammelt und bekennen: »Herr! Unsere eigene Gerechtigkeit ist wie ein beschmutztes Gewand. Darum wollen wir im Glauben den Rock Deiner Gerechtigkeit erben.« Ja, und da gehen die geistlich Reichen vorbei und lachen heimlich und denken: »Das haben wir nicht nötig. Wir sind doch keine Verbrecher. Also brauchen wir diesen Jesus nicht. Unsere eigene Gerechtigkeit ist kein beschmutztes Kleid. Wir sind recht! Wir tun recht und scheuen niemand.«

Ja, da gehen sie hin, die geistlich Reichen. Und sie ahnen nicht, dass der Herr sie einst streng anfahren wird: »Freund, wie bist du hereingekommen und hast doch kein hochzeitlich Kleid an? Werft ihn hinaus in die äußerste Finsternis!«

Aber nun darf ich den Reichen im Geist doch nicht ganz Unrecht tun. Schließlich sind doch alle »christlich«. Und am Ende will doch jeder ein Fetzchen von Jesu Rock, ein Stücklein von Seiner Gerechtigkeit. Ich denke an einen Mann, der ganz in seiner eigenen Gerechtigkeit lebt, aber doch jedes Jahr einmal zum Abendmahl geht. Er trägt das stolze Gewand der eigenen Gerechtigkeit. Aber für alle Fälle sichert er sich ein Stücklein von Jesu Gerechtigkeit.

Das geht nicht! Jesu Rock kann nicht geteilt werden. Seht auf die Kriegsknechte! Sie haben den Rock Jesu in den Händen. Da zieht einer ein Messer, um jedem ein Stück von dem schönen großen Tuch zu geben. Aber die anderen fallen ihm in den Arm: »Lasst uns den nicht zerteilen!«

Was hindert sie? Ihr Sinn für Nützlichkeit? O nein! Es hindert sie das geheime Hauptquartier, das über Jesu Kreuzigung wacht und dafür sorgt, dass alles geschieht, wie es schon vor Jahrhunderten im Alten Testament festgelegt war. Im 22. Psalm steht: »Über mein Gewand werfen sie das Los.« So war es geschrieben – und so geschah es.

Damit ist uns ein wichtiger Hinweis gegeben. Jesu Rock wird nicht geteilt. Auch nicht der Rock Seiner Gerechtigkeit vor Gott. Das heißt für uns: Entweder lebst du in dem stolzen Gewand deiner eigenen Rechtschaffenheit, leugnest deine Sünde und Verlorenheit; dann brauchst du Jesu Kreuz nicht. Dann sieh zu, wie du mit Gott fertig wirst. – Oder aber du wirfst die Fetzen deiner eigenen Gerechtigkeit in Buße und Trauer weg und nimmst im Glauben ungeteilt und ganz den Rock der Gerechtigkeit Jesu an. Da heißt es dann für alle Zeiten: »Nichts hab ich zu bringen, / alles, Herr, bist du.«

3. Es ist ein makelloser Rock

In der Bibel heißt es von Jesu Rock: »Er war ungenäht, von obenan und durch und durch.« Ich verstehe nichts von Textilien. Aber das begreife ich: Der Rock Jesu war wundervoll und fehlerlos. Da die Bibel uns nun darauf gestoßen hat, dass dieser Rock ein Bild ist für die Gerechtigkeit vor Gott, die Jesus dem bußfertigen Sünder schenkt, so dürfen wir also sagen: Wer im Glauben Jesu Gerechtigkeit angetan hat, der hat eine makellose und völlige Gerechtigkeit. Darum heißt es im Heidelberger Katechismus so großartig: »Ob mich schon mein Gewissen anklagt, dass ich wider alle Gebote Gottes schwer gesündigt und auch noch immer zu allem Bösen geneigt bin, doch Gott aus lauter Gnaden mir die vollkommene Gerechtigkeit Christi schenkt und zurechnet, als hätte ich nie eine Sünde begangen noch gehabt … wenn ich allein solche Wohltat mit gläubigem Herzen annehme.«

Ein Wort zum Schluss: Man versichert mir

täglich, der moderne Mensch interessiere sich nicht mehr für das hier verhandelte Thema. Nun, das ist schlimm – nicht für Jesus und für die Kirche, sondern für den modernen Menschen. Da bleibt man unter Gottes Gericht. Darum bitte ich euch: Lasst es euch angelegen sein zu beten: »Herr, lass deine Todespein / nicht an mir verloren sein!« Dann werdet ihr mit Jesaja danken können: »Ich freue mich im Herrn, und meine Seele ist fröhlich in meinem Gott; denn er hat mich angezogen mit Kleidern des Heils und mit dem Rock der Gerechtigkeit mich gekleidet.«

Der Schwamm

Matth. 27,48-49a: Und alsbald lief einer unter ihnen, nahm einen Schwamm und füllte ihn mit Essig und steckte ihn auf ein Rohr und tränkte ihn. Die andern aber sprachen: Halt ...!

Der mit Essig getränkte Schwamm gibt uns mancherlei Rätsel auf. Wenn ich in einem Badezimmer oder einer Garage einen Schwamm sehe, wundere ich mich nicht. Aber wie kommt denn ein Schwamm nach Golgatha? Wer hat ihn mitgebracht? Wozu war er bestimmt?
Ich finde auf diese Frage keine Antwort. Doch das ist auch nicht wichtig. Wichtig ist nur dies: Der Schwamm gab einem Mann Gelegenheit, etwas für Jesus zu tun.
Golgatha ist das große, gewaltige Lied von dem, was der Sohn Gottes für uns Menschen getan hat. Aber daneben klingt auch das kleine Lied von dem Schwamm, durch den ein Mensch einen Dienst für Jesus getan hat. Und darauf wollen wir jetzt unsere Aufmerksamkeit richten.

Die Geschichte vom Schwamm

1. Der Schwamm ist ein aufgerichtetes Feldzeichen

Wir betreten im Geist die schreckliche Richtstätte Golgatha. Eine unheimliche Finsternis hat die Sonne verdunkelt. Und der Sohn Gottes kämpft einen Kampf für uns, dessen Tiefe wir nicht ahnen. Auf einmal ruft Er: »Mich dürstet!« Der Schrei reißt einen der Hüter hoch. Er schaut sich um, erblickt einen Schwamm. Schon hat er ihn ergriffen. Er taucht ihn in den Krug mit Weinessig und steckt ihn auf eine Lanze. Ich sehe ihn im Geist hoch aufgerichtet damit zum Kreuz gehen, um dem Heiland mit dem Schwamm die dürstenden Lippen zu netzen.

In diesem Augenblick kommt mir der Schwamm vor wie ein Feldzeichen, das der Mann aufrichtet. Und das ist es auch.

Unter dem Kreuz Jesu sehen wir nur glühenden Hass. Oder auch schreckliche Gleichgültigkeit bei den Kriegsknechten, die um Jesu Kleider würfeln. Oder unbarmherzigen Spott. Kurz, wir sehen Herzen, die von der Not an dem Kreuz ungerührt und hart sind wie Stein. Dort aber geht der Mann mit seinem seltsamen Feldzeichen. Er kümmert sich nicht darum, dass einer ihm »Halt!« zuruft. Er löst sich aus der Masse. Sein Schwamm ist ein Feldzeichen für alle, die »nicht mit den Wölfen heulen« wollen.

Da bekommt dieser Schwamm, dieses wunderliche Feldzeichen, auf einmal eine herrliche Bedeutung. Denn es ist eine ganz große Sache, wenn ein Mensch um Jesu willen sich aus der Masse löst, aus ihrem Hassen, aus ihrer Gleichgültigkeit, aus ihrer Bequemlichkeit.

Der Schwamm auf der Lanze! Wundervolles Feldzeichen!

Wie kam der Mann dazu, den Heiland zu tränken? Ich möchte gern wissen, was in seinem Herzen vorging. Ich bin überzeugt: Dieser heidnische Soldat hatte mit offenem Blick den Herrn Jesus beobachtet. Und da hatte dieser leidende Gottessohn sein Herz bewegt. Wir sind es gewohnt, den Hauptmann unter dem Kreuz anzusehen als die erste Beute des Gekreuzigten. Denn der Hauptmann bekannte laut: »Dieser ist Gottes Sohn gewesen.« Aber schon vor dem Hauptmann bekennt sich dieser Soldat zu dem verachteten, verspotteten Herrn.

Und so ist sein Essigschwamm auf der Lanze ein Feldzeichen für alle, die trotz Spott und Verachtung der blinden Welt sich zu diesem Herrn Jesus bekennen wollen.

Ich sehe im Geist eine große Schar, die diesem wunderlichen Feldzeichen mit dem Bekenntnis folgt: »Ich bin durch manche Zeiten, / ja, auch durch Ewigkeiten / in meinem Geist gereist. / Nichts hat mir's Herz genommen, / als da ich angekommen / auf Golgatha. Gott sei gepreist!«

Oder ich denke an die Väter der Erweckung, die es gern bekannten: »Es wisse, wer es wissen kann: / Ich bin des Heilands Untertan.« Lasst uns doch dem Feldzeichen derer folgen, die in einer Ihm gegenüber feindlichen und gleichgültigen Welt sich zu dem Sohn Gottes bekennen!

2. Die Sache mit dem Schwamm war eine große Sache

Wenn wir recht verstehen wollen, wie diese Tat im Reich Gottes bewertet wird, dann müssen wir hören, was Jesus kurz von Seinem Sterben darüber gesagt hat. Ich will es wörtlich vorbringen: »Wenn aber des Menschen Sohn kommen wird in seiner Herrlichkeit, werden vor ihm alle Völker versammelt werden. Und er wird sie voneinander scheiden, wie ein Hirte die Schafe von den Böcken scheidet. Dann wird der König sagen zu denen zu seiner Rechten: Kommet her, ihr Gesegneten meines Vaters, er-

erbt das Reich! Denn ich bin durstig gewesen – und ihr habt mich getränkt. Ich bin krank gewesen – und ihr habt mich besucht ...«

Trifft das nicht zu auf den Mann, der den Schwamm mit Essig füllte und den Heiland tränkte? Ja, es trifft auf ihn zu. Wie wird das sein, wenn dieser Kriegsknecht so geehrt wird! Ja, da möchte man geradezu neidisch werden und sagen: »Herr Jesus, Du König der Herrlichkeit! Wir Menschen des 20. Jahrhunderts hatten ja gar nicht die Chance, Dich zu tränken und Dir Gutes zu tun!«

Darauf antwortet uns Jesus: »Doch! Diese Chance habt ihr auch. Was ihr getan habt einem meiner geringsten Brüder, das habt ihr mir getan.«

Damit hat Jesus eine Parole ausgegeben. Die heißt: »Barmherzigkeit!« Und es ist Ihm todernst damit. Denn in der Schilderung des Gerichts heißt es: »Er wird sagen zu denen zu seiner Linken: Geht hin, ihr Verfluchten, in das ewige Feuer. Ich bin hungrig gewesen – und ihr habt mich nicht gespeist. Ich bin durstig gewesen – und ihr habt mich nicht getränkt ... Dann werden sie antworten: Herr, wir haben dich ja nie gesehen. Und er wird antworten: Was ihr nicht getan habt einem unter diesen Geringsten, das habt ihr mir nicht getan.«

Deutlicher kann Er es nicht sagen: Euer hartes Herz kann niemals zum rechten Glauben erweicht sein, wenn es nicht zur Barmherzigkeit erweicht wird.

Barmherzigkeit! Wir sollen sie nicht erwarten von anderen, sondern selbst Barmherzigkeit geben. Wir können diese schreckliche Welt nicht ändern. Doch die Größe der Dunkelheit soll uns nicht hindern, eine Kerze der Barmherzigkeit anzuzünden.

In meiner Bücherei steht ein seltsames Buch der Französin Yvonne Pagniez. Darin schildert sie ihre Flucht aus dem Konzentrationslager Ravensbrück. Verzweifelt irrt sie durch Berlin. Wer sie aufnimmt, wird hingerichtet. Wer kann ihr noch helfen? Da klopft sie an bei einer Schwester der Stadtmission, Hilde v. Brandis. Als sie gesagt hat, wer sie ist, ist's einen Augenblick totenstill. Dann sagt Schwester Hilde: »Ich helfe Ihnen.« Da füllte sie einen Schwamm mit Essig und tränkte Jesus.

3. Die Sache mit dem Schwamm ist doch nur eine kleine Sache

Was ist das schon für eine harte und arme Welt, dass diese Sache mit dem Schwamm so wichtig wird! Menschliche gute Taten sind schön. Sie sind wie kleine Lichtlein in der Dunkelheit.

Aber sie können die Dunkelheit der Welt nicht erhellen. Gewiss ist der Mann beachtenswert, der den Schwamm wie ein Feldzeichen einer neuen Welt trägt. Aber wir wollen zum Schluss unseren Blick doch lieber richten auf den, dessen Tat die Welt hell macht, auf Jesus.

Seht Ihn an, wie Er dort zwischen Himmel und Erde hängt! Er, dem Himmel und Erde dienen müssen, – Er, der Tausenden Brot gab und den Menschen auf der Hochzeit zu Kana Wein – Er, der dem Gottesvolk des Alten Bundes in der Wüste Wasser aus dem Felsen gab: Er hat keine andere Erquickung als ein paar Tropfen Weinessig, die Er aus dem Schwamm saugt.

Daran geht uns auf, was das ist: »Er entäußerte sich selbst.« So hat es Paulus ausgedrückt. Das ist ein wundervolles Bild zum Verständnis des Kreuzes. Jesus, der Sohn Gottes, legte alles ab, allen Reichtum und alle Gewalt und alle Freude. Er machte damit gewissermaßen einen Platz frei, auf den nur Er, der Sohn Gottes, der Sündlose, gehört. Und Er machte diesen Platz frei – für Sünder. »Dass ich möge trostreich prangen, / hast du sonder Trost gegangen.«

Jesus hatte nur ein paar Tropfen aus dem Schwamm, damit wir aus den Lebensbrunnen Gottes trinken können. Jesus ist verstoßen, damit wir angenommen werden als Kinder

193

Gottes. Wer kann das verstehen?! Wir können nur anbeten: »Tausend-, tausendmal sei dir, / liebster Jesu, Dank dafür!«

Das Kreuz

Joh. 19,17: Und Jesus trug sein Kreuz.

Welch ein Bild! Aus dem engen Stadttor Jerusalems quillt es heraus: schreiende Kinder, aufgeregtes Volk, weinende Frauen, hochmütige Priester – und jetzt! Marschtritt: römische Legionäre, die Herren und Eroberer der Welt. Und nun kommt Er, der Trost der Welt, der Schönste unter den Menschenkindern, der Sohn des lebendigen Gottes.

Aber – man sieht Ihn kaum. Was man sieht, ist das riesige, drohende, fürchterliche Kreuz, das auf Seinen Schultern schwankt, das Ihn in den Boden zu pressen scheint. Jetzt sinkt Er in die Knie, jetzt stürzt Er – und polternd schlägt das schreckliche Kreuz auf das Pflaster.

Wir haben von den Gegenständen der Passion gesprochen an den vergangenen Sonntagen. Nun ist es wohl in der Ordnung, wenn wir heute von dem gewaltigsten Gegenstand sprechen, von dem Kreuz.

Das Kreuz

1. Von Menschen erfunden

Ja, das ist eine echt menschliche Erfindung, dieses Kreuz. In Karthago wurde diese Erfindung gemacht. Was muss das für ein krankes Hirn gewesen sein, das sich so etwas ausdachte! Origines berichtet, dass Gekreuzigte oft noch zwei Tage lang gelebt haben. Aber die Welt hat den Erfinder nicht in ein Irrenhaus gesteckt. Im Gegenteil! Die Römer haben zwar Karthago zerstört, doch das Kreuz schien ihnen eine wundervolle Erfindung zu sein, um ihre Herrschaft zu behaupten. Ob Kreuz oder Atombombe – die menschlichen Gehirne brüten im Grunde immer dasselbe aus: Qual und Leid. Da faselt man vom »Guten im Menschen«. Die römischen Legionäre, die Jesus nach Golgatha führten, waren ehrlicher. Unter ihnen ging das Sprichwort: »Der Mensch ist dem andern sein reißender Wolf.« Im Großen und im Kleinen.
Und es ist darum eins der größten Worte, das dieser Jesus, der dort das Kreuz trägt, gesagt hat: »Es sei denn, dass jemand von neuem geboren werde – sonst kann er nicht in das Reich Gottes kommen.«

Ja, schaut nur recht das Kreuz an! Es ist die Kehrseite der Macht. Rom war mächtig, prächtig, bewundernswert und voller Glanz. Aber die Kehrseite seiner Macht waren – Kreuze. Das ist immer so. Macht braucht immer schreckliche Dinge, um sich zu behaupten. Und wer sich durchsetzen will in der Welt – ja, schon in der Familie und im Beruf –, der zimmert immer schon kleine Kreuzchen für die, die ihm ausgeliefert sind.

Und nun hat man ein Kreuz gezimmert, um den Sohn Gottes, die zweite Person der Dreieinigkeit, daran zu hängen. Und seht! Dadurch wird die Religion des Menschen entlarvt. Die Leute, die da aus Jerusalems Toren zogen, waren alle sehr religiös. Aber als Gott in Jesus zu ihnen kam, schlugen sie Ihn tot.

So war es immer. Adam und Eva durften in der Gegenwart Gottes leben. Doch – das wollten sie gar nicht. Sie liefen fort.

Als Gott den Kindern Israel am Berg Sinai erschien, flohen sie und sagten zu Mose: »Rede du mit Gott. Wir wollen nicht!«

Als Gott im Tempel zu Jerusalem unter Seinem Volk leben wollte, ließ Israel den Tempel verfallen und baute sich Baalsbilder. Jawohl! Religion wollte man. Aber »wer kann wohnen bei der heiligen Glut«?

Und als Gott in Jesus Sein Volk besuchte, da war man froh, dass es ein Kreuz gab, an das

man den unwillkommenen Besuch nageln konnte.
Und heute? Wir sind für Christentum, für Kirche, für Pfarrer, für Feiertage und Abendmahl. Aber wenn Jesus in unser Leben kommen will, dann ist's aus. Jesus ruft dich. Jesus klopft bei dir an! Du verschließt Ihm dein Herz; denn du weißt, was Sein Anklopfen bedeutet. Sieh, da kreuzigst du Ihn von neuem.

2. Von Gott geweiht

Wir sagten: Das Kreuz ist eine typisch menschliche Erfindung. Und nun – das ist das Wunder des Karfreitag – nimmt Gott dies greuliche Kreuz, dies abscheuliche Menschending, und weiht es zum heiligsten Gegenstand. Er macht aus diesem Kreuz einen Altar, einen Altar Gottes – einen Altar, auf dem ein Opfer gefordert wird, das endlich, endlich Frieden macht zwischen Gott und Mensch. Das Kreuz wird zum Altar. Und das Opfer, das alle anderen Opfer unnötig und ungültig macht, ist Jesus. »Siehe, da ist Gottes Lamm, welches der Welt Sünde wegträgt.«
Die Menschen kommen mir oft vor wie närrische Kinder, die auf einer ganz dünnen Eisdecke eines tiefen Sees Schlittschuh laufen. Wenn ich sie warne, dann bekomme ich das

zu hören, was mir kürzlich wieder ein Mann sagte: »Herr Pfarrer, ich glaube auch an ein höheres Wesen.« Ich erwiderte: »Dann sind Sie in Ihrem Glaubensleben noch unter dem Teufel. Der weiß auch, dass ein höheres Wesen ist. Aber – er fürchtet Gott wenigstens. Nicht einmal das tun Sie!« Es kommt ja nicht darauf an, ob ich an Gott glaube, sondern dass ich Frieden mit Gott habe.

Und seht! Frieden mit Gott finden wir an dem Altar, den Gott selber gemacht hat – an dem Kreuz Jesu; denn hier gibt es Vergebung aller Schuld. Hier darf ich den wundervollen Tausch machen: Alles Dunkle meines Lebens liegt auf Ihm. Und Sein Friede kommt auf mich.

O dieser herrliche Altar Gottes! Ein Mann des Alten Testaments vergleicht die Seele mit einem heimatlosen Vogel. Und dann kann er eines Tages rühmen: Der Vogel hat ein Haus gefunden und die Schwalbe ihr Nest – das ist der Altar Gottes, von dem es gilt: Gott war in Christo und versöhnte die Welt mit Ihm selber.

In einem alten geistlichen Volkslied heißt es: »Ich wollte Frieden finden, / ich sucht ihn allerwärts, / ich fand wohl viele Sünden, / doch kein versöhntes Herz. / Ich wollte Freude schmecken / ganz ungetrübt und rein, / ich fand nur Furcht und Schrecken / und bittre

Seelenpein. / Da bin ich still gegangen / bis hin zum Kreuzesstamm, / es stillte mein Verlangen / das heilge Gotteslamm.«

Es ist viele Jahre her, als ich auf einem Amerika-Dampfer einen Steward kennen lernte. Der erzählte mir: »Ich war alles, was man werden kann: Tramp, Farmer, Kellner, ja – sogar Mönch war ich eine Zeitlang.« Und dann fügte er zu meinem Erstaunen hinzu: »Aber nirgendwo fand ich Frieden.« Ich schrieb mir seine Adresse auf. Und als ich wieder zu Hause war, sandte ich ihm ein Neues Testament. Nach einem Vierteljahr kam ein herrlicher Brief: »Nun habe ich Frieden gefunden. Ich habe Jesu Kreuz entdeckt.«

Ich sage noch einmal: Das ist das Wunder von Golgatha – Gott weiht das schreckliche Kreuz zum Altar, auf dem Jesus als Opfer stirbt. Hier ist Friede, Versöhnung, Gnade.

3. Von gläubigen Herzen geliebt

Geht noch einmal mit mir vor das Tor Jerusalems! Der lärmende Zug ist zum Stehen gekommen, weil Jesus unter dem Kreuz gestürzt ist. Ich sehe, wie die Römer einen Mann herbeizerren, der nun wütend den verhassten Gegenstand auf seine Schulter lädt. O, wie verhasst und hässlich ist dies Kreuz!

Wir lieben das Schöne: Blumen, gute Musik und ein schönes Bild. Und doch – wichtiger und lieber als alles Schöne ist den gläubigen Herzen das abscheuliche Kreuz. Hier ist nicht Schönheit, aber Wahrheit und Wirklichkeit. Hier ist endlich einmal die Rede von unserem unruhigen Gewissen, von den unseligen Bindungen, in die wir verhaftet sind, von der Friedelosigkeit des Herzens und dem Verfluchtsein unseres Lebens. Und hier am Kreuz ist Gottes Antwort. Hört doch, wie das Kreuz ruft: »Fürchte dich nicht, denn ich habe dich erlöst. Ich habe dich bei deinem Namen gerufen. Du bist mein!«

Darum lieben gläubige Herzen das abscheuliche Kreuz über alles. Ja, mehr! Es ist uns die größte Hilfe. Wir wissen, dass wir nicht sind, wie wir sein sollten. O wir möchten anders sein, voll Liebe, Geduld, Reinheit und Wahrhaftigkeit. Wir haben Goethes Rat gehört: »Nur wer stets strebend sich bemüht ...« Und wir haben gefunden: Damit kommen wir nicht weiter. Da ist aber das Kreuz. Die Bibel sagt: »Die Christo angehören, kreuzigen ihre Natur samt den Lüsten und Begierden.« Am Kreuz können wir uns selbst loswerden. Und wer wollte das nicht?!

Tennessee Williams hat gesagt: »Wir sind alle

zu lebenslänglicher Einzelhaft in unserer eigenen Haut verurteilt.« Nun, dieser Satz gilt nicht mehr unter Jesu Kreuz, wo wir unser Ich in den Tod geben können. Hier darf man die Kraft eines neuen Lebens erfahren.

Die Nägel

Luk. 23,33: Und als sie kamen an die Stätte, die da heißt Schädelstätte, kreuzigten sie ihn daselbst.

Im Geist stehen wir vor dem mittleren Kreuz dort auf Golgatha. Dies Kreuz ist der Mittelpunkt und die Hauptsache im Christentum.
Es ist natürlich befremdlich, dass dies schreckliche Marterbild solch eine Rolle spielt. Immer wieder ist von Gegnern des Christentums gesagt worden: »Es ist abscheulich, dass die Christen einen Sterbenden und Gehenkten zum Mittelpunkt ihres Glaubens machen. Solch ein grauenvolles Bild kann doch nur deprimierend wirken.« So sagen sie.
Aber nun ist es seltsam: So ist es gerade nicht. Der Anblick des gekreuzigten Heilandes ist nicht niederdrückend. Im Gegenteil! Nichts kann unser Herz so trösten wie ein Aufblick zum Kreuz. Vom Kreuz geht nicht ein scheußlicher Todeshauch aus. Von hier weht vielmehr herrlicher Lebensatem.
Wie das möglich ist? Das kommt daher, dass am Kreuz Jesu nicht irgendein Tod gestorben wird. Hier geschieht vielmehr eine Heilstat Gottes.

So wollen wir auch unsere Blicke auf das Kreuz richten. Und da möchte ich heute eure Aufmerksamkeit besonders auf die Nägel lenken. Drei riesige, schreckliche Nägel spießen den Körper des Gottessohnes auf das Holz. Was für starke Nägel müssen das sein, die Jesus am Kreuz festhalten! Aber – sind sie wirklich so mächtig? Ich möchte euch jetzt das Gegenteil zeigen:

Die ohnmächtigen Nägel

1. Der Nagel durch die rechte Hand

Das scheint nun doch ein starker Nagel zu sein, der die rechte Hand des Heilandes festhält. Denn diese rechte Hand Jesu ist ja unheimlich stark. Lasst mich ein wenig davon erzählen: Diese Hand hat sich einmal über das tosende, wildgewordene Meer gestreckt. Das geschah an Bord eines kleinen Fischerbootes, das jedermann bereits aufgegeben hatte. Aber da streckte sich die Hand Jesu über die wilden Wogen. Und sie wurden still und legten sich wie zahme Hündlein. Solch eine Hand ist das! Diese Hand ergriff einmal die schlaffe, bleiche Hand eines toten Kindes. Da floss das Leben in die Tote, und sie richtete sich auf. So stark ist diese Hand!

Sie hat große Wundertaten getan. Sie legte sich auf die Augen von Blinden. Da taten sich die Augen auf. Die Hand lag auf dem Haupt eines todgeweihten Aussätzigen. Und er wurde rein. Diese Hand griff nach dem starken Petrus, als der eben in den Wogen des Meeres versinken wollte. Da war er gerettet. Diese rechte Hand des Herrn ist so stark, dass schon im Alten Testament viel von ihr die Rede ist: »Seine rechte Hand hilft mit Macht.« Oder: »Deine rechte Hand erhält mich.« Einer freut sich: »Der Herr siegt mit seiner Rechten.«

Das ist die rechte Hand des Herrn Jesu. Die starke Hand, die Wunder über Wunder getan hat.

Und nun ist sie dort angenagelt am Kreuz. Aufgespießt wie ein Schmetterling eines eifrigen Sammlers! Ohnmächtig angeheftet an das Kreuz. Nun ist es zu Ende mit der Stärke dieser Hand! Nun triumphiert der abscheuliche Nagel.

Wirklich? Ist es so?

Nein! Seht doch das Wunder! Diese angenagelte Hand, die scheinbar ohnmächtig ist, tut gerade jetzt ihre größte Tat. Sie vollbringt das herrlichste Wunder: Sie trägt die größte Last weg, die es je gab – nämlich die Schuld der Welt. Sie bezahlt die größte Rechnung, die es je gab: die Forderung Gottes an den Menschen. Sie zerbricht die stärkste Mauer, die es je gab: die Mauer zwischen Gott und uns Sündern.

Und wer das alles versteht und im Glauben ergreift, der wird bekennen: Diese ohnmächtige rechte Hand Jesu hat mich aus dem Zorn Gottes und dem ewigen Verderben gerissen und an das Herz Gottes gebracht.

So triumphiert diese Jesus-Hand über den Nagel.

2. Der Nagel durch die linke Hand

Kürzlich traf ich eine Mutter mit einem kleinen Kind. »Gib schön das Händchen!« mahnte die Mutter. Darauf gab mir das Kind seine Linke. Da die Mutter eine gescheite Frau war, lachte sie nur und sagte: »Die Linke kommt von Herzen.«

Es ist etwas daran, dass die linke Hand dem Herzen näher ist als die rechte. Ich habe einmal nachgedacht, welche Rolle die linke Hand des Herrn Jesu spielt. Und da entdeckte ich: Seine Linke trat immer dann in Aktion, wenn Jesus etwas besonders Liebevolles tat.

Da brachte man Kinder zu Ihm. Die Bibel erzählt: »Er herzte sie und segnete sie.« Mit der Rechten hat Er sie gesegnet. Dann hat Er mit der Linken die Kinder geherzt.

Es gibt eine ergreifende Szene, wie Jesus Seinen Jüngern den Sklavendienst des Altertums tat und ihnen die staubigen Füße wusch. Mit der Rechten ergriff Er den Schwamm. Aber in Seine Linke legte Er die müde und staubig gewordenen Füße der Jünger.

Mit Seiner Rechten tat Er große Wunder und Taten. Aber Seine linke Hand musste herhalten, wenn Ihm das Herz vor brennender Liebe zu den Menschen aufging. So war es, als Er die Hände ausbreitete und rief: »Kommet her zu mir alle, die ihr mühselig und beladen seid. Ich will euch erquicken.« So war es, als Er sich in jener nächtlichen Stunde im Garten von Gethsemane vor Seine Jünger stellte, Seine Hände schützend vor sie breitete und dann den grimmigen Häschern sagte: »Sucht ihr mich, so lasst diese gehen.«

Ja, die Linke kommt von Herzen. Jesu linke Hand hat viele Bezeugungen Seiner Herablassung und Seiner Liebe gegeben. Und nun ist diese linke Hand Jesu an das Kreuz genagelt. Das Herz, das diese Hand bewegte, bricht im Tode. Nun ist es aus mit den Liebesbezeugungen dieser Hand. Nun ist sie ohnmächtig. Der schreckliche, grausame Nagel triumphiert – und die größte Liebe in der Welt stirbt.

Ist es so?

Gott sei Dank, nein! Es ist ganz anders. Seht nur auf das Kreuz! Gerade in diesem Augenblick der scheinbaren Ohnmacht tut diese Hand Jesu die allergrößte Liebestat. Der Herr Jesus hat einmal gesagt: »Niemand hat größere Liebe denn die, dass er sein Leben lässt für seine Freunde.« Nun, hier ist noch größere Liebe. Jesus lässt Sein herrliches Leben für Seine – Feinde. Einer, der dies begriffen hat, sagt erschüttert: »Auch mich erlöst er da, / für mich gab er sein Leben dar, / der ich von seinen Feinden war.« Und Tersteegen sinkt im Anblick des gekreuzigten Heilandes nieder und bekennt: »Ich bete an die Macht der Liebe, / die sich in Jesus offenbart.«

Aber schöner als alle Liederverse spricht von dieser Liebestat die Bibel: »Er hat uns geliebt und gewaschen von den Sünden mit seinem Blut.« So triumphiert die Hand Jesu über den Nagel. Es ist hier nicht zu Ende mit der Liebe. Sie fängt erst richtig an.

3. Der Nagel durch die Füße

Das muss ein besonders langer und. schrecklicher Nagel sein, der die Füße Jesu an das Holz spießt. Wie ohnmächtig sind nun diese Füße, die so viele Wege gingen – im Dienste der Sünder!

Weite Wege gingen diese Füße: von Galiläa bis zu den Toren Jerusalems an das Grab des Lazarus, den Jesus erweckte.

Seltsame Wege gingen diese Füße. Sie liefen über das Meer, als die Jünger in der Nacht »Not litten von den Wellen«.

Ermüdende Wege sind diese Füße gegangen. Jesus sank in tödlichen Schlaf, als Er einst in ein Schiff gestiegen war. Wie erschöpft war Er wohl, dass Er im Sturm schlief!

Gefährliche Wege sind diese Füße gegangen, als Er sich Jerusalem näherte, wo Sein Tod schon beschlossen war.

Nun sind diese Füße angenagelt. Nun triumphieren die Nägel. Ist es so?

O nein! Diese angenagelten Füße, deren Wege zu Ende scheinen, triumphieren doch über die Nägel. Inwiefern?

Weil Jesus in dieser Stunde selbst zum Weg wird für uns. »Ich bin der Weg«, sagt Er. Und die Apostel bekennen, dass wir »durch ihn zu Gott kommen«. Er ist der Weg, von dem Jesaja schon sagte, »dass auch die Toren auf ihm nicht irren können«.

O herrliches Kreuz, wo die größte Tat geschieht, wo die Gottesliebe siegt, wo uns verlangenden Sündern der Weg zum Herzen Gottes sich auftut!

Der Speer

Joh. 19,34: Einer der Kriegsknechte öffnete seine Seite mit einem Speer, und alsbald ging Blut und Wasser heraus.

In einem Lied heißt es: »Am Kreuze meines Heilands / da ist mein sicher Stand ...« So wollen wir auch heute morgen unter Jesu Kreuz treten, auf das Schlachtfeld von Golgatha, wo der größte Kampf ausgefochten wurde und die herrlichste Tat getan wurde und die wundervollste Freiheit erkämpft wurde.
Unser Text zeigt uns den Augenblick, wo der Kampf zu Ende ist. Während man sonst die Leichname am Kreuz vermodern ließ, legten diesmal die Juden Einspruch ein, weil nach dem Gesetz das Land durch unbegrabene Tote verunreinigt wurde. Man musste also jetzt schnell zu Ende kommen. Wer noch nicht ganz tot war, wurde mit Keulen vollends »erledigt«. Das geschah bei den beiden Schächern. Dazu sagt Luther: »Solche Pein wird den linken Schächer sauer angekommen sein, dass er mit großen Schmerzen zur Hölle fahren sollte. Wiederum der rechte Schächer, weil Christus, dem er vertraut, schon verschieden war, wird

mit Freuden den Tod erwartet und gesagt haben: ›Frisch dran, liebe Kriegsknechte, dass ich bald zu meinem König ins Paradies komme!‹« Bei dem Leichnam Jesu legten sie die Keulen fort. Und ein Soldat gab Ihm mit dem Speer durch die Rippen in das Herz den »Gnadenstoß«, damit Er gewiss tot sei. Auf diesen Speer möchte ich jetzt eure Aufmerksamkeit richten.

Der Speer von Golgatha

1. Er vertrat die Keulen

Ein schreckliches Bild, wie die Kerle mit ihren fürchterlichen Keulen anrücken, um den Tod der Gehenkten zu beschleunigen! Aber ein paar Minuten, ehe sie kamen, war Jesus verschieden mit dem Jubelruf: »Es ist vollbracht!« Nun wurden Ihm die Gebeine nicht mehr zerschmettert.

War das Zufall? Nein! Der Apostel Johannes, der das alles genau beobachtet hat, weist darauf hin, dass es genau so im Alten Testament vorausgesagt ist. Als Gott die Kinder Israel aus Ägypten in die Freiheit führte, schlachteten sie das Passahlamm. Dem durften die Gebeine nicht zerbrochen werden. Nun hängt hier am Kreuz unser Passahlamm, das der Welt Sünde wegträgt. Selbst die heidnischen Kriegsknechte mussten ihre Keulen sinken lassen, damit genau Gottes Wille geschieht: »Ihm soll kein Bein zerbrochen werden.«

Als Johannes das sah, jubelte sein Herz: Wie macht Gott hier deutlich, dass dieser Jesus unser Passahlamm ist!

Und dann kam der Soldat mit der Lanze und stach Jesus in das Herz. »Auch das steht im Alten Testament«, geht dem Johannes auf. Im Propheten Sacharja heißt es: »Sie werden sehen, in welchen sie gestochen haben.« In den Versen, die unserm Text folgen, weist Johannes ausführlich darauf hin. Es war ihm wichtig. Und es ist wichtig für uns.

Als Jesus am Kreuz so elend starb, hat vielleicht mancher gedacht: »Wer mag denn einem solchen Gescheiterten noch länger glauben?« Alles sprach gegen Jesus.

»Halt!« ruft Johannes. »Nicht alles! Im Gegenteil! Alle Verheißungen im Alten Testament sprechen für Jesus. Seht doch, wie wundersam das ist, dass bis in die kleinsten Züge das Leiden Jesu im Alten Testament schon Jahrhunderte vorher vorausgesagt wurde!«

Der Schweizer Pfarrer Lüthi erklärt dazu: »Da wird deutlich, wie hinter dem Leiden Jesu ein geheimes Hauptquartier steht, das alles

genau so lenkt, wie es vorher verkündet ist.«
Und der General dieses Hauptquartiers ist der lebendige Gott selbst. Er macht uns deutlich: Dieser Gekreuzigte ist mein lieber Sohn. Er ist der Christus und Messias, ist der von mir Gesandte.

Kommt her zu dem Gekreuzigten und lasst alle eure eigenen dummen Gedanken über Ihn fahren! Kommt her zu dem Gekreuzigten! Denn Er ist ja so deutlich von Gott legitimiert als Heiland, Erlöser und Lamm Gottes, das Sünde wegträgt, versöhnt und errettet!

2. Der Speer vertrat einen Arzt

Wenn bei uns jemand stirbt, dann muss zunächst ein Arzt kommen und den Totenschein ausstellen. Nun, auf Golgatha erschien kein Arzt. Aber der Totenschein wurde doch ausgestellt – und zwar durch die Lanze. Jesus war schon tot, als sie Ihn erstachen. Aber wenn noch ein Funken Leben in diesem ausgebluteten Leib gewesen wäre – ein Speerstich durch die Rippen in das Herz hätte den letzten Funken ausgelöscht. Nun war Er wirklich und gewiss tot.

Ist das so wichtig? Ich kann gar nicht aussprechen, wie unendlich wichtig mir und allen Kindern Gottes das ist. Es geht hier nämlich um die Frage: »Kann ich Sünder mit meinem unruhigen Gewissen am Kreuz wirklich Frieden und Vergebung meiner Sünden finden?« Gottes Wort sagt: »Der Tod ist der Sünde Sold.« Und zwar nicht nur der natürliche Tod, sondern auch alles, was damit zusammenhängt: das verdammende Gericht Gottes und die Hölle, das Hinausgestoßen-Sein. Und das habe ich verdient. Ich mag mich nicht mehr streiten mit Leuten, die behaupten, sie hätten keine Schuld vor Gott. Das mögen sie, wenn sie können, Gott einmal selbst vorlügen. Aber ich weiß, dass ich mit meinen Sünden »des Todes schuldig« bin vor dem heiligen Gott.

Und nun ist in meine Unruhe und Angst Jesus, der Sohn Gottes, gekommen und hat gesagt: »Ich trete für dich ein.« Hier, wo es um alles geht, darf ich mich nicht auf Einbildungen verlassen. Ich muss fragen: »Hat dieser Jesus wirklich und tatsächlich für mich und an meiner Statt den Tod erlitten? War Er wirklich tot?« Und der Speer antwortet mir: »Ja, Er war tot.« Nun atme ich auf: »Sein Tod ist meiner Sünde Sold. Dann ist ja alles bezahlt, und ich bin frei vor Gott!«

Und noch einmal frage ich: »Herr Jesus, hast Du auch den ganzen Tod erlitten, nämlich die Hölle?«, und Er sagt: »Ja! Ich war für dich von

Gott verstoßen, als ich rief, Gott habe mich verlassen.«

So dürfen wir nun zum Glauben kommen: Jesus hat wirklich unsere Strafe getragen, für uns das Gericht auf sich genommen, auf dass wir Frieden hätten.

Seit ich das verstanden habe, ist Golgatha mir der friedevollste und liebste Platz geworden.

3. Der Speer vertrat einen Ausleger

In meiner Bücherei habe ich einen ganzen Schrank mit Predigten geisterfüllter Männer. Wie steht doch in diesen Predigten das Kreuz Jesu im Mittelpunkt! Wie haben sie sich in allen Jahrhunderten gemüht, das Kreuz Jesu auszulegen!

Aber als damals Jesus starb, war kein Ausleger zur Stelle, der den Frauen und dem Hauptmann und dem Volk das seligmachende Geheimnis des Kreuzes hätte auslegen können.

Da hat Gott selber für einen wunderlichen Ausleger gesorgt. Dieser Ausleger war der Speer, der in Jesu Seite fuhr. Er öffnete nämlich eine seltsame Quelle: »Es kam Blut und Wasser hervor.« Das war durchaus unnatürlich und auffällig, ein Zeichen und eine Auslegung. Johannes sagt nachdrücklich dazu: »Der es gesehen hat, der hat es bezeugt, und sein Zeugnis ist wahr, auf dass auch ihr glaubt.« Und später sagt derselbe Johannes in einem Brief: »Dieser ist's, der da kommt mit Wasser und Blut, Jesus Christus.«

Der Speer hat es an das Licht gebracht: Jesus ist die geistliche Quelle von Wasser und Blut. Ich will das erklären. Zunächst zum Blut. Luther geht ausführlich darauf ein, dass das Blut der Toten gerinnt. Und dann fährt er fort: »Aus diesem unnatürlichen Fließen sollen wir die rechte Art lernen, die unsres lieben Herrn Blut hat, nämlich dass es fließt, lebt und Wirkung hat. Und alle, die damit besprengt werden, haben Vergebung der Sünden und sind Kinder des ewigen Lebens.« Und im 3. Buch Mose sagt Gott: »Ich habe euch das Blut auf den Altar gegeben, dass eure Seelen damit versöhnt werden. Denn im Blut ist die Versöhnung.« Im Blut ist die Versöhnung!

Und im Wasser ist die Reinigung. Sacharja hat verkündet: »Zu der Zeit werden die Bürger zu Jerusalem einen freien und offenen Born haben wider alle Sünde und Unreinigkeit.« Da ist der freie, offene Born!

Als Jesus auferstanden war, sagte Er dem zweifelnden Thomas: »Lege deine Hand in meine Seitenwunde!« Das eben wollen wir nun im Glauben auch tun.

Der Vorhang im Tempel

Matth. 27,50-51: Aber Jesus schrie abermals laut und verschied. Und siehe da, der Vorhang im Tempel zerriss in zwei Stücke von obenan bis untenaus.

Irgendwo las ich einmal eine packende Geschichte: Ein Mann besuchte eine fremde Stadt. Am späten Nachmittag führte ihn sein Weg in das Kunstmuseum. Dabei achtete er nicht auf die Schlusszeit. Und so kam es, dass er in dem verlassenen großen Bau eingeschlossen wurde. Lange suchte er vergeblich nach einem Ausgang. Die Nacht brach herein. Seufzend setzte er sich in einem der dunklen Säle auf eine Bank und schlief ein.

Inzwischen wurde er vermisst. Man suchte ihn. Man kam darauf, er könne im Museum sein. Der Aufseher wurde geholt, schloss auf und drehte den Hauptlichtschalter an.

In dem Saal fuhr der Mann aus dem Schlaf auf und sah sich einem herrlichen Gemälde gegenüber, das in seiner Schönheit überwältigend auf ihn eindrang ...

Genauso ist es richtigen Christen mit dem Kreuz Jesu ergangen. Für den natürlichen

Sinn ist das Kreuz Jesu im Dunkel. Man sieht und versteht es nicht und kann nichts damit anfangen. Aber wenn das Licht des Heiligen Geistes aufleuchtet, dann sehen wir uns dem Kreuz gegenüber – dann sehen wir nichts anderes und verstehen: Hier ist mein Heil!

Es ist nun so wichtig, dass dieser Lichtmoment für uns kommt. Denn Gottes Wort sagt: Das Wort vom Kreuz ist dunkel für die, die verloren gehen.

Gott selber legt großen Wert darauf, dass wir den Gekreuzigten erkennen. Darum macht Er es wie ein guter Lehrer: Er gibt uns Anschauungs-Unterricht.

Gottes Anschauungs-Unterricht über das Kreuz

1. Wir lernen zuerst, wer Gott ist

Jede Schule hat eine Menge Anschauungsmaterial: Filme und Bilder und Modelle. Gottes Anschauungsmaterial für den Kreuzunterricht ist der riesige Vorhang, der im Tempel zu Jerusalem das Allerheiligste verschloss. Der Tempel hatte einen Vorhof. In den hinein durfte jeder gehen. Er umschloss das Heiligtum, zu dem nur den Priestern der Zutritt erlaubt war. Wie oft mag so ein Priester schauernd vor dem gewaltigen Vorhang gestanden haben, der das

Allerheiligste verbarg! Dort wollte Gott wohnen.
Hier lernen wir zuerst einmal, dass Gott Person ist. Vor ein paar Tagen hielt ich den Brief eines 16-jährigen Schülers in der Hand. Der schrieb: »Sicher gibt es eine höhere Macht. Ein Christ wird sie Gott nennen. Man mag auch Schicksal, Natur oder Vorsehung zu ihr sagen.« Das ist das moderne Heidentum, das Gott zu einer unpersönlichen Naturmacht degradiert. Wer so denkt, versteht gar nichts vom Kreuz.
Wir müssen wissen: Gott ist Person, ein »Er«, der wirkt und will. »Ich will unter euch wohnen«, sagt Er zu Seinem Volk. So wohnte Er hinter dem Vorhang.
Hier lernen wir weiter: Gott ist nicht in einem fernen, hohen Himmel, sondern Er ist mitten unter uns. Jedermann in Israel wusste: Gott ist natürlich nicht an einen einzigen Ort gebunden. Dies Wohnen hinter dem Vorhang war eine Demonstration: Ich bin nicht ferne, sondern mitten unter euch. Alles, was in der Welt, in unserer Stadt und in unserem Leben gesündigt wird, ist ein Sündigen in Gottes Augen hinein. Die Bibel sagt: »Von allen Seiten umgibst du mich.«
Und noch etwas zeigt uns Gott durch Sein Anschauungsmaterial, den großen Vorhang: Gott

hat Sein Angesicht vor uns verhüllt. Er hat zwischen uns und sich einen trennenden Vorhang gezogen – um unserer Schuld willen. Gott ist nicht ein alter, rührender Großpapa, der sagt: »Kinderchen, ich kenne eure Schwachheit. Trotzdem bin ich euch gut!« Nein! Er ist gerecht. »Deine Sünden scheiden dich von deinem Gott!« sagt die Bibel. Wenn wir selber unsere Schuld wegschaffen könnten, dann wäre der Vorhang für uns offen und wir wären Gottes Kinder. Aber – wer kann seine Schuld wegtun?! Das muss man wissen, wenn man Jesu Kreuz verstehen will. Denke dir das Kreuz Jesu weg – und du bist ausgeschlossen von Gott für Zeit und Ewigkeit. Das ist die Hölle!

2. Jetzt lernen wir das Kreuz verstehen

Ich sagte: Gott macht es wie ein guter Lehrer und gibt uns Anschauungs-Unterricht über das Kreuz. Sein Anschauungsmaterial ist der große Vorhang im Tempel. Möchten wir doch Gottes gelehrige Schüler sein! Eine Welt – ausgeschlossen vom lebendigen Gott durch den Vorhang der Schuld – das ist unsere Lage nach dem Sündenfall.

Soll es denn ewig so bleiben? Wir sehnen uns doch so sehr nach Frieden mit Gott, auch wenn wir es selber nicht wissen! Ich ging vor einiger Zeit in Oslo über den Fischmarkt. Es war schrecklich, wie die noch lebenden Fische in den Körben zuckten und zappelten und sich nach ihrem Element, dem Wasser, sehnten. Und ich dachte: So unruhig und friedlos ist der moderne Mensch, weil er seinem Element, dem lebendigen Gott, so fern ist. Die Menschenseele sehnt sich nach Gott. Und Gott – seltsam – sehnt sich nach den Menschen. Er möchte den Vorhang zurückschlagen und uns lieben. Aber Er kann nicht. Denn Er ist gerecht. Er kann nicht so tun, als seien unsere Sünden nicht vorhanden.

Und da tritt der Bürge vor, der Sohn Gottes. Er umfasst uns alle mit Seinen Armen und sagt: »Vater, ich will für sie alle der Gerechtigkeit Genüge tun. Ich will für alle die Schuld bezahlen.« Und so trägt Er am Kreuz für uns alle das Gericht des gerechten Gottes. »Die Strafe liegt auf ihm.« Und als Er ausgelitten hat und den letzten Todesschrei tut – da geschieht es: Da zerreißt der Vorhang vor Gottes Angesicht. Da ist der Weg frei zum Allerheiligsten, zum Herzen des Vaters Jesu Christi.

Wundervoller Anschauungs-Unterricht Gottes! »Jesus schrie laut und verschied.« Du fragst: Was bedeutet das? – und Er zeigt es dir an dem zerrissenen Vorhang: Der Vorhang der

Schuld ist zerrissen. Für Sünder ist der Weg frei zum Frieden mit dem herrlichen, großen und schrecklichen Gott.

Wir meinen immer wieder, wir selbst müssten mit unsern Werken den Vorhang »von unten nach oben« aufreißen. Das geht nicht.

Durch Jesu Sterben wurde der Vorhang von oben – versteht! – von oben her zerrissen. Von oben nach unten! Die Tür ist offen zu Gott. Wer Frieden mit Gott sucht, gehe nach Golgatha. Ich las vor kurzem ein »Eingesandt« in einem Kirchenblatt. Da schrieb ein Mann: »Die Pfarrer reden immer vom Frieden mit Gott. Aber sie sagen uns nicht, wie wir ihn bekommen können.« Nun, so will ich es noch einmal klar sagen: Gehe in die Stille. Erkenne die Anklageschrift Gottes an. Sage zu Ihm: »Ich habe gesündigt.« Nenne deine Sünden mit Namen. Sage Ihm: »Ich habe verdient, dass ich von Dir ausgeschlossen bin.« Und dann schaue auf zum Kreuz und sprich: »Herr Jesus, ich glaube es, dass Du für mich bezahlt und gebüßt hast. Ja, ich glaube an Deinen stellvertretenden Tod.« Und dann – ja, dann weißt du, wie das ist: »Da zeriss der Vorhang von obenan bis untenaus.« Und du darfst als versöhntes Gotteskind mit Lobliedern im Herzen in Gottes Armen ruhen – im Allerheiligsten.

3. Wir lernen, dass ein Entschluss nötig ist

Gott gibt Anschauungs-Unterricht. Als Jesus, der Sohn, stirbt, zerreißt der Vorhang, der uns von Gott trennte. Was aber hilft das, wenn wir nicht durch den zerrissenen Vorhang hindurchgehen? Ich fuhr einmal auf einer eiligen Vortragsreise durch Schleswig-Holstein und kam dabei auch durch eine kleine Stadt mit einem wunderlichen Namen. Während der Fahrt überlegte ich immer: »Du hast doch diesen Namen schon mal gehört?« Und dann – viel zu spät – entsann ich mich: Da wohnt jetzt ein Mann, mit dem ich früher einmal viel erlebte. Ich hätte ihn besuchen sollen. Aber so ist das mit der Eile – ich war vorbeigefahren.

O ihr eiligen modernen Menschen! Ihr fahrt ja in eurer unmenschlichen Hast an einer viel wichtigeren Stelle vorbei: an dem zerrissenen Vorhang, am Kreuz Jesu.

Tut es nicht! Die Passionszeit will eurem Leben ein Stoppzeichen geben. Jesus, der Gekreuzigte, sagt: »Ich bin die Tür. Wer durch mich eingeht, wird selig werden.«

Lasst uns stille werden und haltmachen und durch die Tür gehen und selig werden!

Aber – wer kann vom Kreuz Jesu so reden, dass die Herzen gewonnen werden? So will ich schließe mit dem Zeugnis des Grafen Zinzendorf: »Ich bin durch manche Zeiten, / ja, auch durch Ewigkeiten / in meinem Geist gereist. / Nichts hat mir's Herz genommen, / als da ich angekommen / auf Golgatha. Gott sei gepreist!«